コスト管理術

なるほど即効! 小さな会社の

やる気が出るコスト管理

井上一生

はじめに

コスト管理とは、生きるおカネを遣《つか》い、死ぬお金を遣わないことです。

この本にはそのノウハウが、詰め込まれています。あなたが経営のトップであろうとなかろうと、あるいは将来独立するかどうかは別にしても、知っておいて決して損はない「オフィスの裏技集」です。そのうちいくつかは、知ったその日からすぐにでも役に立つはずです。

もちろん思いつきや考え方だけではコスト管理はできません。具体的な手段が必要です。そして世の中には、言われてみて初めて気づくような手段がたくさんあるものです。

私の経営している会計事務所というのは、それを知りうる立場にあります。会計事務所は中小企業のよろず相談所であり、いろいろな専門家や事情通と会う機会も多いからです。売上アップの方法や有利な融資、新規事業の相談はもとより、後継者の結婚相手探しまで、なんでもありです。それだけに知恵を絞らなければなりません。たくさんの人から知恵やノウハウを教わりもします。コスト管理についても、知らない間に知恵が溜まっています。

そうした知恵やノウハウをみなさんに知っていただき役立ててもらいたい。これがこの本の主旨です。付箋を何十本も立てたり、コピーして社内で回覧したりしてフル活用されることを願っています。

井上一生

＊本文中では、社名などの実名を挙げにくいところもありました。各種お問い合わせは、著者までEメールにてお願いいたします。

issey@kss-g.com

CONTENTS

ACT 3 実戦に強力なアナログ式情報整理……91

ACT 4 時間の有効活用と人件費は相乗効果で効いてくる……113

ACT 5 「意識」がコストをカットする

Contents

コスト管理術

START

コスト管理は最大の戦略

1 なにもしない

初めてサンフランシスコのホテル、ホリデーインに泊まったときは、驚かされました。客室に次のように書いたタグが置かれていたのです。

「当ホテルは、ホリデーインワールドワイドが始めた世界的な環境保護活動に参加しているため、環境への影響を最小限にとどめるように、二晩以上のご滞在のお客様に対してはシーツ類の交換は3日に一度とさせていただいております。もし毎日の交換を希望される場合は、このタグをドアのノブにお掛けください」

みなさんは、これを読んでどう感じましたか。体よく手を抜いているだけじゃないかと言う人がいるかもしれませんね。

私はすぐに「これはすごいな」と思いました。

現在では、国内でもワシントンホテルグループなどが同じメッセージを宿泊客に送っていますが、当時は考えられなかったことです。

ホテルの各部屋のシーツを毎日交換すると、それだけで日々確実に一定の手間がかかります。人手×時間=人件費。人手と時間をかけることは、即人件費というコストに跳ね返ります。いうまでもありませんが、シーツを替えればクリーニング代もかかります。

それらをすべて、いわば言葉一つで、不要のものとしてしまったのです。

実際、家で毎日シーツを替えている人がどれだけいるでしょうか。そのことに思い至れば、ほとんどのお客様にとって、シーツ交換をしなくてもなんの不満もありません。

これが欠陥住宅のような手抜きであれば、お客様が大変な迷惑を被るし、そんな施工した業者は、後々まともに商売ができなくなります。このホテルでは、ちゃんとお客様の了解をとって手間を省いています。「環境保護活動に貢献する」というおまけまで付けて、です。

コスト管理には、コストダウンとコストカットがあります。従来かかっていたコストを切り捨ててしまうコストカットが、より効果的な手段であることはいうまでもありません。ドアノブのタグに数行の文章を印刷するだけで「なにもしない」という究極のコストカットを実現するのです。コスト管理の第一の極意は「なにもしない」です。

2 客先には行かない

考えてみると、なんとなく習慣になっているだけだったり、必要だという思い込みでよけいな手間をかけていることがあるものです。

例えば今、足しげく通っている重要な――少なくとも重要だと思っているような――お客様がいたとします。でも、本当に頻繁に通う必要があるのでしょうか？　毎日でなくても、週に1回、もしかすると月に1回でもいいのかもしれません。

訪問頻度が落ちるとリピーター顧客が減ってしまう、ライバル企業の営業担当者に取られてしまう、そう思われる方も多いでしょう。

私の経営する会計事務所を例にとると、この業界では、顧問先企業、つまり会計業務を依頼してくれるユーザーへの訪問巡回こそが大事だと言われます。単に帳簿を作成したり税務申告を代行するだけが仕事ではない。顧問先はその時々でいろいろ相談したいことがあるものだ。それに対応するためには頻繁に顔を出して話を聞くのが一番だ。だから特に用がなくても、できれば毎週・毎月顔を出すべきである――というわけです。

この主張にも一理あります。でも今の時代、電話は言うに及ばず、メールもあればファックスもあります。ルーティンな訪問をするぐらいならこうした通信手段を活用することをまず考えます。もちろん直接会うことも大事ですから、本当に必要なときには会う。こうすればお互いに時間を無駄にしなくて済むし、その分直接会うためにかかっていたコストを抑えることができます。たしか、ＮＴＴさんの研究所である研究開発を外注するため、2社に相見積もりをしました。1社は3人の担当を付けて開発の内容について足しげく何度もＮＴＴさんへ3人で通っててていねいに打ち合わせを繰り返しました。他方1社は、必要最小限度の面談。あとは電子メールとファックスと電話で打ち合わせ。発注担当のNTTさんの開発者は、後者を選びました。理由は、「数人で何度もわざわざ来る理由は少ない。人が動けばコストがかさむ。合理的な会社を選んだ」とのことです。

もちろん巡回すると約束して契約しておきながら、行く回数だけ減らしたら、クレームが来るし、契約を打ち切られるかもしれません。別のサービスを付けるか料金を下げるかして、コストダウンのメリットはお客様にも還元しないと、自分だけいい目を見ていると思われてもしかたないのです。

3 いっぺんに済ませる

習慣といえば、パソコンで作成した書類や保存してある資料を、惰性でプリントアウトしていませんか？　メリットが本当にあるのか。業務において有効に機能しているのか。定期的に見直しをかけていかないと、不要な紙が溜まっていってしまうだけです。せっかくプリントアウトする手間をかけても、いいことは一つもありません。必要になったときに初めてプリントアウトすれば十分間に合うのです。

私の職場では、顧問先の意向を確かめた上で、原則として総勘定元帳は紙に出力しないことにしています。その場合、以前はフロッピィでデータを渡していましたが、最近はメールで、あるいはＡＳＰを利用してと代替手段も進化しています。それだけで、紙に出さなくても必要な作業はいっぺんに済んでしまいます。

ユーザーが価値を認めないものにコストをかける必要があるのかを認識することが重要なのです。すべてのことについて定期的に必要性を見直し、手間をかけずに「いっぺんに済ませる」ようにするのが、コスト管理の第二の極意です。

4 他人にさせる

第三の極意は、「他人にさせる」ことです。

ちょっとした発想の転換で、手間や費用がいらなくなるのは、すでにお分かりのことと思います。さらに一歩進めて、自ら行わないのみならず、人にやってもらうようにしましょう。

そんなことできるのかって？　できるんです、これが。

お客様や協力会社、取引先と打ち合わせや商談をするとき、「来てください」と言われれば、まあ大抵は行くことになります。でも交通費はかかるし、時間もかかります。コスト管理的には、時間は即、人件費です。それが１日数件となると、チリも積もれば山となり、ばかになりません。

そこで、相手に来てもらうようにします。といっても無理やり来させるのではなく、発想を変えて、こちらから言わなくても行きたくなるような、訪問しやすく、居心地のいいオフィスにするのです。

まず、迷わずに来られるように地図を送ります。インターネットの地図サービスサイト「マピオン」の「ここでねマピオン」(http://www.mapion.co.jp/QA/koko/index.html)を利用すると、自分の事務所の位置が分かる地図が簡単に作れます。マピオンはほかにもさまざまなサービスが利用できます。

この地図に、来所してくれることへのお礼と、インターネットの時刻表サイトのアドレスを入れたA4サイズのシートを作っておき、訪問客にファックスで流します。遠方から来られる方には、時刻表や乗り換え経路、所要時間をプリントアウトしたものもあわせて送ると喜ばれるでしょう。

車で来る場合にも備えて、来客用の駐車場を確保しておきます。この料金は「タイムシェア」の手法で安くなります。簡単に言えば、夜だけ使って昼間は空いている駐車場を利用するのです。

今出てきたインターネットのサイトや「タイムシェア」の手法については、後で詳しくご紹介します。

5 自分でする

玄関には、ホテルさながらに「お待ちしておりました！　○○社○○様」と歓迎の言葉をしたためた紙を貼り出しておきます。これはやってみると、意外と評判がいいことが分かりました。自分が歓迎される立場になると、結構うれしいものなのですね。

オフィスのレセプションエリア――会社によっては立派な会議室だったり、作業スペースの片隅をパーテーションで区切っただけだったりとまちまちでしょうが――に通したら、できるかぎりそのときの話し相手になる当事者が自分で応対をします。冷蔵庫には飲み物やおしぼりを多めに準備しておき、ポットならお湯をいっぱいにして自分自身でお茶を出します。私の事務所では会議室の隅に小さな冷蔵庫を置いています。

元駐日米国大使のライシャワー氏は、自らコーヒーを来訪者に勧めて感動させたといいます。ライシャワー氏のひそみに倣うわけではありませんが、同じことをするとほとんどの人が恐縮してくれるのです。そこからスムーズに会話に入れる上、給仕の人手もいらなくなります。

アメリカの会計事務所に行くと、話題に関係のない女性が給仕をしてくれるようなところはほとんどありません。ディスペンサーから自分で水を注いで持ってきてくれたり、缶飲料、ペットボトルのミネラルウォーターを出されたりします。持ち帰って帰り道で飲むことができるペットボトルを使うのは、お客の立場に立ったおもてなしといえるでしょう。

6 コスト管理のポイント1——コストダウンは収益増に直結する

「なにもしない」「いっぺんに済ませる」「他人にさせる」をヒントにして、今の業務を見直してみましょう。案外と無駄なことをしていたことに気づくはずです。コストについてのあなたの考え方も一変するのではないでしょうか。

優れたコスト管理は、売上をアップする以上に利益向上に直結します。

今、会社の利益率が5％、つまり１００万円売って5万円儲かるとします。すると１００万円の売上を上げることは、5万円の経費を節減することと結果的には同じです。言い換えれば、5万円のコストカットは１００万円の売上に匹敵します。

カルロス・ゴーン氏が日産の経営を引き受けてから、収益アップが売上に先行して進みました。倒産寸前とも言われた会社が累積損失を一掃し優良企業へと劇的に変化した秘密がコスト管理にあったことは、よく知られています。

本当は伸びている企業ほど、人にもモノにも事業所サービスにも投資したい。しかし中小企業、零細企業、ＳＯＨＯでは、ただでさえ人もお金も不足しがちです。だからこそコスト管理が大事なテーマとなります。ところが一般に経営者は売上に目がいってしまい、バランスのとれた経営がなかなかできない。だから意外なところで無駄金を使っているのです。

7 コスト管理のポイント2――「回転率」で見る

だからといって、ただ経費を削ればいいというものではありません。コスト管理は単なる「節約」とは違います。使うべきところにはケチケチせずにドカンと使わなければ、売れるはずのものまで売れなくなります。

では必要なコストとそうでないコストをどう見分けるのか？　そのポイントとなるのが「回転率」です。

例えば同じ5000万円の利益を上げたとしても、そのために使ったお金が5000万円なのか、5億円かではまったく違います。経営資源（一般的には人、モノ、カネ、土地などで、これに「技術」という無形の資産も加わります）の中で、少ない投資で売上を伸ばし、利益を増やしているものはどれなのか。さきほども言ったように経営資源は宿命的に限られます。だからどれかを捨てなければならない。効率よく稼ぎを生むもの、つまり回転率の高いものを残し、低いものは捨てる。この捨てる作業が、すなわちコストカットです。

株式投資の世界ではROE（リターン・オブ・イクイティ）という指標が使われます。同じ資本金でどれだけ経常利益が上がったかを示す、資本の効率、つまり資本の利回りです。これも「回転率」の一つです。投資家はROEの高い企業の株に目をつけますから、この指標の数値が高い企業ほど株を買ってもらうには有利になります。

もう一つ、ROI（リターン・オブ・インベストメント）という指標があります。これは投資額がいくら利益を生んだかを示すもので、いわば他人資本と自己資本つまり総投資に対する利回りを示します。中小企業にとっては、むしろこちらの方が重要だと私は思います。借入金利と比較してどの投資が効果的なのかが分かるからです。

8 コスト管理のポイント3――コストダウンに「投資」する

利益を上げるために投資をする。その結果生まれるのが「資産」です。目に見える具体的な形としては、土地、設備などで、これ自体資金やコストをかけて取得したものです。維持するためにさらにランニングコストがかかります。

これまでは、資産は売却すると現金化できるものだと考えられてきました。特に土地がそうです。ずっと右肩上がりで地価が上がると信じられてきた時代は、それでもよかったのかもしれません。しかし物の価値が右肩下がりして評価が激しく減価する時代になり、見方を変えると逆に、資産は経費を生んでしまう存在でもあるのです。もしその資産が収益を生まなければ、損を生み出すコストの集合体でしかありません。

日本の銀行は自己資本比率が国際的水準と比べてあまりに低いので、自己資本比率を上げる努力をしているとよく新聞などに書かれています。要するに無駄な資産を持ってはいけないということです。

このように、銀行でさえ「持たざる経営」を目指しているのです。バランスシートからみると、資本の部も負債の部もギュッと圧縮して、自分の持っているタネ金だけで回す。これが、さきほど話に出た「回転率」を上げることになります。最近のアウトソーシング隆盛や、製造を外に委託するファブレスの動きも、必要な部分に資産（経営資源）を集中してほかはよそに任せてしまうという選択の現れです。

私のお客様の個人経営者は、仕事用に使う自家用車の値段と車検代、駐車場代、ガソリン代、保険料などのコストの合計と、タクシーを使う場合のトータルの運賃を比較した結果、自家用車を処分してタクシーに切り換えました。これも一種のアウトソーシングであり、「持たざる経営」の一例です。

9 コストダウンするためのコストをかける

売上より収益。収益を上げるために無駄なコストを削る。そして必要なところに集中的に投資する。投資とは、言い換えると収益を上げるためのコストです。そのコストの振り分けが、すなわちコスト管理です。ときとして、コストダウンを買うための投資が必要になることもあります。コストをかけないとコストダウンできないような場合です。なんだかややこしい話ですが、優れた投資をすれば何倍かのコストダウンとなって返ってきます。企業はROIをいかにして最大化するかを、常に考えていなければなりません。

ところが下手をすると1円、2円値段が安いものを探しに100円の交通費をかけて遠くのスーパーまで行くのと同じ愚を犯すことになります。100円の投資でリターンが1円、2円という世界です。これではなんのために買いに行ったのか分かりません。

10 コスト管理の法則式

さらに、私流に「コスト管理の法則」の式を作ってみました（次ページ❶参照）。いくら減らせるかという額を見るだけでなく、その仕事が頻繁に行われる類のものかどうかを見るのが大切であることを示しています。

また必要不可欠に見えるような、固定費の性格が強い仕事ほど、より注意してウォッチしなければなりません（下図❷参照）。「これは削れない」という常識を疑ってかかることです。固定費にはオフィス賃料や人件費等々たくさんありますが、これらを流動費化してしまう手法もそのうちにご紹介します。

11 削ってはいけないコストもある

例えば、ある有名な研修セミナーの団体がありますが、その会社は「社内研修費」と「社外研修費」と会計の科目を分けてあり、このトータル金額と「社外研修費」の下限がきびしく決められています。研修・セミナーの会社からすれば、ライバル会社の研修に出てさまざまなセミナーを経験し、講師と出会うことはリサーチであり、商品開発、業務改善であり、講師のスカウト活動であるのです。このコストを下げると数年後に確実に売上がジリ貧状況になること

●コスト管理の法則●

❶コスト削減額＝仕事一単位の削減金額×繰り返される回数

❷コスト削減の重要度＝コスト削減額×固定費性向

を、この会社のトップは経験上知っているのです。

これ以外に、削る下限を決める経費は、「広告宣伝費」「開発費」「試験研究費」「工業所有権の取得費」「スカウト・リクルート費」「人材育成投資」などがあるでしょう。

12 「素人経営」から「プロ経営」への脱皮

コストダウンないしコストカットは、トップの仕事です。なぜならそれが、日々行われている現状の仕事を否定する仕事だからです。自分が持っている仕事を否定されたら、その担当者は立つ瀬がありません。今まで一生懸命やってきたこと自体を否定することになるからです。

しかし高みから見ていれば、ここはこうした方が効率が上がるし、成果が出るはずだということがよく分かります。だからこれはトップダウンで進めるしかない。

小さい会社のトップにこそ、コスト管理の重要性を知っていただきたいと思います。それこそが「素人経営」から「プロ経営」へと脱皮するための要諦です。

これから起業を目指そうという意欲ある方たちにとっては、コスト管理の知識やノウハウを知ることで、スタートラインから他に先んじることができます。幸いなことに、産業の活性化には起業家のバイタリティが必要だということにようやく国も気づき始めたのか、資本金1円でも株式会社を作ることができるようになりました（↓171ページ）。

間違ったコストダウンやコストカットをしないためには、バックボーンとなる考え方が必要です。そうでないと無駄をなくすつもりが、企業の成長をじゃまし、かえってデメリットを生むことになってしまいます。コスト管理は、突き詰めていくと案外奥深いものなのです。

コスト管理術

ACT 1

事務所のコストを劇的にカットする

13 文具を回収して再分配すると、いかに無駄が多かったか分かる

手始めに誰でもできる簡単なことからやってみましょう。無駄な備品や消耗品を一掃する方法です。実際に私も試してみましたが、効果は抜群です。

まず、全スタッフに支給しているハサミやものさし、付箋紙、ボールペン、消しゴム……といった備品や消耗品をすべて、品目別に回収します。回収した中から、一人ひとりに必要な分だけを改めて渡します。こうすると不思議なことに、必ず余りがたくさん出るものです。手元になくてすぐ使いたいときに、隣の人のをちょっと借りてそのまま持っていたり、備品ケースからとりあえず持ち出してそのままだったりというぐあいに、消耗品や備品って少しずつ引き出しの中に溜まってしまうものなんですね。

余った備品は再利用しますが、もう使えない調子の悪いホッチキスなどは処分します。中身がわずかに残った液体のりも、思い切って捨てます。もったいないと思うかもしれませんが、なかなかのりが出てこないで待っていると作業効率が落ちて、かえって時間のロスが生まれます。ちょっとぐあいが悪いけどなんとか使えると判断したものは、どこが調子が悪いかをメモするか目印となるシールを貼るなどしてストックしておきます。

スーパーのダイエーでこの活動を実施したとき、机の中の死蔵品で1年分の文房具が賄え

たといいます。私のオフィスでも、段ボール箱にいっぱいの回収品が余り、こんなに出るものなのかと驚きました。スタッフのみんなにも「すごいねー」と大受けでした。

なお、この方法はコンサルタントの泉田豊彦氏によるカセット講座「アクセス－30」からいただいたヒントをもとにしています。

14 最初に行くのは100円ショップから

こうした消耗品や備品を仕入れるときに、私はまず100円ショップやディスカウンターを回ります。100円ショップは会社の近くだけでなく家のそばや駅にもあります。一、二度通うと、どの店のどの棚に何があるかだいたい覚えてしまいます。ここで買うのは消しゴムとか付箋紙など決まりきった品物がほとんどです。もちろんオフィスで必要なものすべては揃いません。それでも、ずいぶん調達コストが下がります。

これで手に入らなかったり、あってもさほど安くないようなものは、アスクルなどの通信販売を使ったり、普通の店で買います。多少高くてもデザインのいい定番品が必要なこともあります。来訪客に飲み物を出すグラスやカップに、安っぽいものは使いません。東急ハンズのようなところで定番品を買っておけば、1個欠けた場合でもすぐ揃えられます。

15 コピー用紙の品切れも過剰在庫もなくすには

消耗品で忘れてはならないのは、発注点と発注量を決めておくことです。コピー用紙をサイズごとに段ボール4箱ずつ購入するとします。使っていくうちに残り少なくなりますが、残り1箱になった時点で3箱注文して再び在庫を4箱にする。そしてまた残り1箱になったら注文する。このことを繰り返します。コピー用紙だけでなく、鉛筆でも消しゴムでもなんでも、基本的なローテーションは同じです。

要するに、品切れを起こさないでなおかつ過剰在庫を避けるということです。オフィスにとって欠品は致命的です。たとえ足りないのが紙切れ一枚であっても、コピーが取れなくなったら一大事。文房具屋まで急いで走って行って高い用紙を買って来なければなりません。このタイムロスは時として取り返しがつかないものになり、余分な物品費もかかります。

発注点、発注量は会社やセクションの規模に合わせて決めればいいでしょう。

16 どんなことでも責任者を決めておく

ここで大事なのは、ルールを決めるということです。いつ（残り1箱になったとき）、どれだけ（追加3箱）というルールのほかに、誰が発注するかも決めておきます。

私の事務所では、品物ごとに発注担当者を決めています。その発注担当者に依頼するのは、残り1箱になった時にコピー用紙の箱を開封した人です。これは誰であっても担当者に伝えるという約束です。

このルールは、消耗品および備品の置いてある棚に書いて貼っておきます。裏側がシールになっていて、どこにでもペタッと貼り付けられる名刺入れの透明の袋がありますね。安いのでいろいろな用途に使っていますが、あれに発注点、発注量、発注担当者を記入した名刺大の紙を入れ、棚ごとに貼っておきます。

もし発注が遅れて欠品が出たら、それは発注担当者の責任です。最後の箱を開けた人が連絡をし忘れても、もちろんその人もミスをしたわけですが、責任は担当者にあります。だから発注担当者は棚をときどきチェックしておかないといけません。

17 所長も交際費の使いすぎを所員にチェックされる

このやり方を一歩進めると、社内に自動的に経費をチェックするシステムを構築できます。

まず科目ごとに経費管理担当者を決めます。例えば交際費の管理担当者はA君というようにです。所員が5人いる営業所ならその5人全員に、営業所のなんらかの経費をチェックする担当を持たせます。所長はそれの報告を受けて状況を把握する統括責任者ですが、こと交際費についてはA君にチェックされる側になります。

経費を使いすぎていても、案外本人は分かっていないことがあります。その人にA君は警告を発し、次からは気をつけるように、使い過ぎた分は節約するように求めます。最終的にその月ないし四半期、年間の営業所の交際費予算をオーバーしたら、その責任はA君にあります。

このように、下から上をチェックするしくみを作ることにより、相互チェックが行われるようになります。目が行き届かないから使いすぎるわけですから、予算オーバーしたら一定期間内に修正されるような警告制度を作ればいいのです。

「これこれの問題があるので注意してください」「予算オーバーしないようがんばりましょう」というような掛け声だけで事足れりとする職場が多いのですが、コスト管理はマインドだけで解決できるものではありません。実質的な成果が出せるようなシステムを、職場のしくみに織り込むことで、いちいち訓示を垂れなくても予算管理が自動的に行えるようになります。

18 言われなくても自分から節約を始めたのは、なぜか？

もう一つ、「自動的なシステム」を構築した例です。

ある販売会社で、雑収入から生まれた収益で現場の消耗品や文房具の費用を賄うことにしています。それらの費用を差し引いても収益が残ったら、年末の社員の忘年会の費用に上乗せできます。自分たちがメリットを受けるお金が増えるわけですから、社員は自ら進んで消耗品や文房具を節約するようになりました。

経費と収益を直接結びつけてしまうというこの方法も、おもしろいコストダウンの手法です。会社側は特に費用がかからないし、手間もいらない。「節約せよ」などとはひと言も言わなくてかまいません。うまくいったら社員に還元するようにするのがポイントです。

このような有効なシステムをいかにして作り出すか。そこを考えるのがプロの経営者というわけです。

19 メンテナンス料金はいりませんという業者がいる

ところで事務所で使う機器には、どうしても必要だが経費もかかるものがあります。代表的なのがコピー機です。

コピー機を購入すると――リース契約だと月々の支払いなので買った気がしませんが、これも借金で購入したことに変わりはありません――メンテナンス契約をするのが普通です。大抵は基本料金に加えて1枚あたりいくらと決められています。この場合、仮に1枚もコピーしない月でも基本料金分は取られてしまいます。

このメンテナンス契約料の安いところを探した結果、基本料金なしで1枚あたり4円というところを見つけました。これは利用しませんでしたが、基本料金なしで1枚あたり3・5円というところもありました。一般的なメーカー系のコピー機のメンテナンス費用としては最も安い部類かと思います。

ところが、このメンテナンスチャージが1円もかからない方法があります。中古の事務機を扱う業者で、メンテナンス料金はいりませんというところがあるのです。

この業者は、コピー機にトラブルがあると無料で修理に来てくれます。ただし三つ条件があります。そこから買った中古事務機であること。トナーを定価で購入すること。修理に行くまで1、2日の余裕をみておくことです。

トナーはカタログスペックで1万枚刷れるものが定価1万2000円です。黒い面が多いものをコピーしたりしてトナーを多く使う場合など、使用条件によってコピー枚数は変動しますが、仮に半分の５０００枚としても、１枚あたりのコストは２・４円です。通常のメンテナンス契約料よりはるかに安くなります。

20 1台は新品、1台は中古機のコピーを使用

２、３年前にこの業者から、私は大手メーカー製の高速デジタルコピーを購入しました。約２万枚コピーした中古機ですが、両面コピー可能、オートドキュメントフィーダー（原稿自動送り機）も付いて35万円でした。1分に60枚の速度ですから1秒に１枚、普通に使う分にはまずストレスは感じません。

中古の事務機はちゃんと動くのか不安だという人もいると思います。でもこの業者の場合は大丈夫だと私は判断しました。無料メンテナンスという条件で売り込みに来ていますから、調子の悪いものを納めれば自分たちがしょっちゅう呼び出されることになります。ですから中古とはいえ、ぐあいよく動くものしか提供しないはずです。

こうして私の事務所に3台あるコピー機のうち、２台を中古機にしました。実は3台とも同じメーカーで同じトナーが使えて、トナー在庫も削減をしています。コピー機のメンテナンスはすぐ来てもらわないと困るものですが、２台以上あれば１日や２日は待つことができ

ます。コピー機を2台置くにはオフィスのスペースが足りなかったり、坪あたりのスペースコストを考えると高くつく場合もあると思いますが、2カ所で同時にコピーが取れるなど何かと便利なので、検討する価値はあります。

21 裏紙再利用は大切だが、あまりケチらないように

コピーはなるべく表裏に刷るようにしています。そのために両面コピーできる機種が必要でした。各種帳票類も両面コピーしたり、出力してファイルに保存します。紙代が半分になり、ファイルの厚さも2分の1になり収納スペースが減らせます。ただし両面コピーだと、内容チェックの場合は表裏をひっくり返さなければなりません。そのときにはミスコピーなどの裏面を使うようにしています。2台目の中古コピー機の給紙トレーの一つは、A4の裏紙利用紙専用です。

コピーやファックス、プリンターで片面だけ使った紙は、不要になった時点でホッチキスなどの留め金を外して裏面利用紙として保存します。私のところではよく使うA4、B4だけを保存し、あとは思い切りよく処分します。あまり使わない紙をとっておいても場所ふさぎになるだけです。どのサイズを残すかはオフィスの需要に合わせればいいと思います。ま

た折れ目があるとか、しわの寄った紙は、機械にひっかかったり印刷が不鮮明になるので、これも思い切って捨てます。

22 集中しすぎるのも問題

ところで、最近プリンターとコピー機、ファックスも兼ねるという複合機が増えています。1台3役だから大いにコスト削減が期待できるところです。でもこれはこれで問題があります。

知り合いの事務所でネットワークプリンターを兼ねたコピー複合機を入れました。ところがいったんトラブルが発生すると、コピーはできない、パソコンからのプリントアウトもできない、ファックスを受信してもプリントできないという三重苦になりました。修理中に電源を切ると、ファックスが受信できなくなる可能性さえあります。

それに複合機は一般的に高速コピーが不得意です。そうなると、たくさんコピーを取ったりプリントアウトをする職場には向かないことになります。

もちろんメリットもありますが、そういうデメリットもあることを知った上で、導入するかどうかを検討してください。オフィスに右記の複合機ような印刷出力機がそれ1台しかないというのは、危険かもしれません。

23 5枚コピーするなら、6枚プリントアウトしてしまおう

ところでプリンターで出力したパソコンの文書を、コピーして回したりしていませんか。1枚の原紙のプリントアウトを5枚コピーするよりも、6枚いっぺんにプリントアウトしてしまう方がずっと安上がりです。印字もコピーしたものより当然きれいです。

最近はレーザープリンターも個人で買えるほど安いものが出回っています。ただプリンターは本体価格が安くても、ランニングコストが高い場合があるので要注意です。中古の複合機を入れる前は、トナーカートリッジの交換で毎月4~5万円かかっていました。

パソコンで作成した文書だけでなく、スキャナーで画像として取り込んでしまえば手書きの文書もプリンターで印刷できます。簡易印刷機が安く印刷できるというので一時売れましたが、もうこれもいらなくなりますね。

24 中古プリンターは安いので、常に複数台を用意する

プリンターについても、中古機を複数台用意しておくと便利です。

会計事務所では、毎年確定申告の時期にプリンターを多用します。申告書は複写カーボン

式でのりで仮止めしてあるため、はがしてプリンターにかけるのですが、こののりが故障の原因になります。だから最初から故障してもいいようにという発想で、複数の中古プリンターを置くようにしました。

プリンターの修理を頼むと、だいたい2万円以上します。何日か待って高い修理代を払うのもばかばかしいものです。当方で梱包し、送料を負担して送らなければなりません。3万円台の中古機を何台か用意しておいて、壊れたらすぐ取り替えれば、時間的なロスを避けることができます。修理できなくなったプリンターは、処分してしまいます。

オフィスでパソコンを相互接続している場合、LAN専用のプリンターが1台ということが多くなります。プリンターが順番待ちだったり、プリントアウトした紙を取りに行くのさえ面倒なほど忙しいときもあります。そこで専用プリンターだけでなく手元にプリンターを1台ずつ置いておくと、小回りがきいて便利です。同じ機種の中古プリンターを何台か用意し、故障したら準備しておいたプリンターを使います。

中古プリンターは、ベストセラー機がお勧めです。中古市場にたくさん出回っているので同じものが手に入れやすく、トナーカートリッジも共有できます。同機種でなくても、少なくともトナーカートリッジが共用できるものを選び、在庫トナーが一種類で済むようにしましょう。

メンテナンスについては、中古品を扱う業者があります。ちなみにメンテ用の部品が広く流通しているのはC社、R社など。逆にS社の場合はメーカーが流通を抑えているので手に入らない、ということです。わがオフィスではC社とE社の同一機種で揃えています。

25 中古品の活用はROIを劇的に高める

コスト管理の面でも、中古品は絶対にオススメです。中古市場が形成されている事務機や自動車を、新品で取得するのは間違いであるとさえ私は思っています。ROI（リターン・オブ・インベストメント）、つまり投資額がいくらの利益を生むかという指標の話をしましたが、中古品を利用することは、このROIを劇的に高めてくれます。

私は新車では600万円のセルシオを、6年落ちの中古で130万円で買いました。走行距離5万キロですが、さすがは日本製の高級車でまったく問題なく走ります。600万円を投資したクルマは、ROIを上げようと思ったらせっせと乗らなければなりません。

130万円なら、ちょっとぐらい寝かしても安心です。仮に2年ずつで乗り換えていっても6年間で約400万円です。リースで月十数万円なら……と思うのは間違いです。リースは借金による買い物で、キャッシュ購入より結果として高くつきます。

26 開業するときには、余りものをもらってくる

所有する資産はできるだけ小さくしておきます。右肩下がりの時代は資産劣化の時代ですから、下手にものを持つこと自体危険です。

事務機にしても、今は中古市場にいい品物が山ほど並んでいます。ビジネス電話なんかも本当に安い。インターネットで調べると中古品が1万円以下でいくらでも手に入ります。

特に開業時は、中古品に限ります。なけなしの開業資金が、新品の事務機を揃えただけでなくなってしまったら、お金を肝心の使いたいところに回せません。大きな声では言えませんが、会社が潰れてくれるおかげでいいものがたくさん出回っています。不況も悪いことばかりではなく、いいこともたくさんあります。パソコンスクールを廃業したときに会議机が余ったので、それを譲り受けて接客用に利用している例を知っています。新品同様できれいなものだそうです。

27 巨大倉庫に新品同様の製品が山積み

どうしたら中古品を探すことができるでしょうか。

まず、開業しようと思ったり、新規事業を立ち上げる予定があるなら、周りの人にそのことを知らせておきましょう。机や事務機は不要になっても処分するのにさえお金がかかります。「そういえば開業するって言ってたな……」と思い出してくれれば、喜んでプレゼントしてくれるはずです。

中古業者選びは、私の経験から、数をあたっていいところを探し出すしかありません。これも普段からアンテナを張っておくと、知り合いからいい会社を教えてもらえたりもします。詳しくは書けませんが、千葉県の某所に大手オフィス家具メーカーのアウトレットセンターがあります。ここの倉庫はすごい。巨大な空間に机、事務機などが延々と並んでいます。ほとんど新品同様の品物が、定価の10％から20％の値段です。納品配送してもらうと料金がかかるので、自分でレンタカーのトラックを用意して自分で積んで帰って来ます。

これに限らず、どんなものにも、リサイクルして価値が生まれるものには必ず中古品処分市場があるものです。

例えば調子が悪くなって使わなくなったプリンターを、事務所の建物の前に置いておきます。「一部不良。ご自由にお持ちください」と紙に書いて貼り、ビニール袋に入れておきます。すると、不思議なことに、ちゃんとなくなっています。全部が全部持っていってはくれないし、地域によっては全然持っていってもらえないのかもしれません。が、少しでも持っていってくれるなら、こちらも処分する費用を減らせるので助かります。どうやら東南アジア圏で大きな中古事務機や家電品のリサイクル市場が成立しているらしい、という話を聞いたことがあります。追跡したわけではないので真偽のほどは不明ですが、案外そのような需要に応えているのかもしれません。

28 スイッチ付きテーブルタップで微小電源をカット

事務機といえば、パソコンを一人一台オフィスで使うのがあたりまえになっています。このパソコン本体の電源を切ったにもかかわらず、キーボードのランプが点いていたりするのを見たことはありませんか。

パソコンに限らず、多くの電気製品はスイッチを切っても微弱電流が流れているそうです。テレビを買ってきて最初に電源を入れて画面が点くまでには結構時間がかかります。でもその次からはリモコンからのスイッチを入れると、短時間で画面がパッと映ります。これはブラウン管などにわずかに電気を流しておいて、スイッチを入れたときにすぐ点くように待機しているためです。確かに便利ですが、急がないのであれば、わずかとはいえ電力の浪費です。

そこで登場するのがスイッチ付きテーブルタップです。テーブルタップは延長コードの先にいくつかのコンセントが付いているもので、家庭でもお馴染みです。これにパソコン本体、プリンター、ディスプレイなどの周辺機器、場合によっては喫煙者用の空気清浄機、女性用の足元ヒーターなどもまとめてつないでおきます。そしてコンセントの「手元一発スイッチ」を切れば、微弱電流がカットでき、すべての電源の切り忘れもなくなります。

29 「節約」と言う前に、スイッチオフを自動化する

スイッチ付きコンセントは家電量販店などで多くの種類が売られています。私のところで使っているのは、ナショナル製「まごの手スイッチ」という商品です。落雷などによる電源瞬間断絶を回避する機能が付いたエレコム製「シンプルタップ」も併用しています。以前に落雷でパソコンが3台壊れてしまったため、あわてて買い足しました。

ワンタッチで電気が切れる「手元一発スイッチ」に加え、ノータッチで電源のオン・オフができる照明装置も導入しています。人が通ったときだけ点灯しますから、切り忘れがありません。周囲の明るさを感じて昼間は点灯しません。私の事務所では社員通用口やトイレ、給湯室には、人が来ると自動的に点灯し、いなくなれば消える装置を使っています。

電気代を節約しようと考える前に、努力せずとも自動的に節約してしまうようにした結果

です。これを「簡易型電脳オフィス」とでもいいましょうか。節電の精神も大切ですが、十の能書きよりも一つの実行が求められます。それには自動的にやってしまうこんなシステムがうってつけです。

30 電気代がコンサルティングで安くなる

電気料金は、契約メニューしだいでも安くなることをご存じだったでしょうか。

2000年4月の電気事業法改正で「電力会社の選択制」と「規制分野における契約メニューの多様化」が導入されました。簡単にいえば電力料金体系の規制緩和によって、多様な契約メニューが可能になったということです。でもどんな契約メニューにすればいいのか素人には判断できません。そこで相談に応じて料金メニューを選んでくれる専門コンサルティング会社があります。

東京の株式会社ケー・シー・エス（KCS）（電話03-5977-3911）は、電力経費などの固定費削減コンサルティングとISO取得支援を行っている会社です。電力経費削減コンサルティングは、電力会社の契約メニューから個別に最適なものを選んでユーザーに提供するものです。手付金は必要なく、料金が安くなった分から報酬を得る完全成功報酬制です。ものを売るのではなく、経費削減の成果を売る商売です。

ユーザーは設備投資が不要で、多少の手間しかかかりません。10店舗を持つあるスーパーチェーンでは、1店舗あたり年間平均50万円、計５００万円もの電気代削減ができました。利益率５％とすると、1億円の売上増に匹敵する効果です。ほかにも年間数百万円から数千万円のコストカットの実績があります。

31 下水料金をカットする方法、あるにはあるが……

次は水道料金です。事務所で水を使う量というと多寡が知れていますが、かなり大量に水を使う仕事もあります。

水道料金は、栓をひねれば下水も同時に使うとみなされて、ダブルで課金されています。でも実際には下水に流れ込まない分もあります。クーリングタワーやボイラーの蒸発水、製品に含まれる水、散水などについては下水道料金に含めないという特例措置もあります。これを利用するときには地方自治体の「減免認定」を受けることになります。

ところが実際には自治体によって認定基準がまちまちだったり、企業と自治体との交渉に時間がかかることが多いようです。多額の工事費をかけて必要となるはずの計測器を設置したのに認定が受けられず、諦めるしかなかったというケースも少なくありません。

この「減免認定」による下水道料金のコストカットは、現実問題として自社で申請はなかなか難しいようです。代行してくれる専門のコンサルティング会社がありますので、インターネットなどで調べて相談してみてください。

32 水の勢いが変わらない節水弁で水道料金をダウン

今のところ、もっとも現実的な水道料金の節約方法は節水弁です。よくDIYショップで節水コマが売られていますが、水の勢いも弱くなってしまうのが欠点でした。

インターナショナル株式会社（http://www.ipr.ne.jp/~inc/sessui/index.html 電話048-756-8505）のスーパーフローシステムで使われている節水弁は、水の流量は変わっても水圧は変わらないのが特徴で、2001年に特許および新基準におけるエコマークを取得しています。

これまでに東京大学農学部や東北工業大学、宮城県の作並温泉「湯の原ホテル」、三重県庁などを始め業種を問わず多くの設備に採用されています。ある旅館では231カ所の水道にこの節水弁を取り付け、1カ月で57万円も水道料金が安くなりました。スポーツクラブではシャワー15カ所に採用し、年間80万円を節約したところもあります。

料金は水道の給水口1カ所につき1万円。水圧などの時前調査や用途に応じたコマを使うなどシステム構成の提案料金も含まれています。興味のある方は、インターネットでこの会社のサイトをのぞいてみてはいかがでしょうか。

33 今後はおおいに期待できるIP電話

電話料金が格段に安くなるのではないかというので、今IP電話が注目されています。インターネット経由でデータを送るので、理屈としてはメールをやりとりするのと同じことです。ということは、インターネットに常時接続していれば電話料金はタダになるはずです。今のところは誰もがインターネットにブロードバンドで接続しているわけではないので、途中で電話回線を使うと電話料金が発生します。

でも会社で同じプロバイダーに常時接続していれば、支社や営業所同士の電話はタダになります。国際電話も同じことで、いくらかけても無料です。

こんなメリットがあるIP電話が、近い将来一般化するのはまず間違いありません。ただ現状ではまだトラブルの報告もあります。インフラが整備され、技術的な問題が解決されるまで、もうしばらく様子見した方がいいのかもしれません。万一電話が使えなくなったら、ビジネス活動がストップしてしまいます。

既存の電話でも、さまざまな料金サービスメニューがあります。NTTコミュニケーションズの「FL@T　ONE」は、月額定額料金の電話とインターネット、携帯電話を組み合わせた料金プランです。

「FL@T　ONE　プラン1」の場合、月額定額料金1万5000円で2200分まで使え、超過分も全国一律で1分8円です。さらにOCNのADSLサービス1契約が付属しています。小規模オフィスにはなかなか便利なサービスです。

34 「簡易書留」よりも「配達記録郵便」を

文書や荷物の配送代も、料金メニューを知ることによってもっと安くなります。

例えば書留は万一郵送物が配達されなかった場合の補償がついて、簡易書留では最高5万円までです。ところがこの賠償金を受け取ったという話を寡聞にして私は知りません。ほとんどの人は賠償が目的ではなく、相手に届いたかどうかを確かめるために使っています。

ならば配達記録郵便で十分です。簡易書留は通常の郵送料プラス350円ですが、配達記録郵便はプラス210円、ただし損害賠償はありません。送り先が多くなればなるほど、この140円の差は大きいですね。

数年前、銀行のキャッシュカードやクレジットカードを送るのに、多くの会社が簡易書留から配達記録郵便に切り換えました。わずかな件数の事故で賠償金を受け取るよりも、一通140円安いメリットの方が大きいことに気づいたのだろうと推測しています。

35 メール便も、もっと安くできる

宅配便にも、メール便という郵便局の通常郵便物にあたるサービスがあることはみなさんご存じでしょう。通常の宅配便は小包にあたり書留機能が付いています。これに対してメール便は送り先の印鑑をもらわずにポストに放り込むので書留機能はありません。それでも届けたかどうかは確認できます。利用するには時前登録が必要です。各社が価格競争をしている激戦区ですが、大手ではクロネコメール便の50グラムまで80円（一部地域を除き全国へ翌日配送）の安さが目立ちます。

安いものほど条件が厳しくなるのは、しかたのないところです。すぐに着かなくてもいいのなら、配達日が遅くなるサービスで安いものを選べばいいのです。少なくとも、今まで宅

配便で送っていたものがメール便で送れるのであれば、一気にコストダウンできます。

配送業者によっては、条件しだいで値段交渉に応じてくれます。大手S社では荷受けや配送をする人にもある程度価格決定権があるようです。私はある配送業者と交渉してかなり値段を下げてもらいましたが、知人から「そんなに安くならなかったぞ」と怒られました。ともかく最初から諦めずに、まずは安くしようとチャレンジしてみることです。

36 名刺の印刷は、パソコンを使わず業者に任せている

パソコンを使って、自分で名刺を作ることができるようになりました。インクジェットの2、3万円台のプリンターでもかなりきれいにプリントできるので、名刺用の専用紙を買ってくれれば、名刺100枚が数百円で作れます。

私は名刺宅配サービスを利用しています。インターネットで「オンライン名刺」を検索すると、いくつか業者が見つかります。今利用しているところは、送料を含めて片面フルカラー印刷が100枚で1500円程度、両面印刷で2000円程度です。インターネットから注文できて、翌日配送で、社名や社章のロゴもメールで送れば対応してくれます。

私にはプリンターで作る名刺は、縁にギザギザが微妙に付いて、どうも会社の顔にしては

セコく見えます。経費には、削るべき経費と削ってはいけない経費とがあります。名刺の経費は後者の部類に入れています。100枚1500円であっても、以前に比べるとかなり安くなっています。

37 オフィスのコスト、値段をとるか効果をとるか

さて細かい話が続きましたが、まだ取り上げていなかった大きな固定費があります。オフィスそのもののコストです。

まずお断りしておきますが、オフィスは安ければいいというものではないという見方もあります。前に述べたように自分のオフィスに人に来てもらうようにするなら、一等地にあるきれいなビルの方が有利です。「オフィスの家賃は求人費用ですよ」と私に言った社長もいます。オフィスを横浜ランドマークタワーに移し、求人をしたらそれまでの2倍の応募者があったそうです。この会社はテレアポで、情報機器を売っていますが、いいオフィスに入っていると成約率が高くなります。

ですから自分にとってオフィスコストは費用対効果の高いコストととらえるなら、ただ安いことだけにとらわれる必要はありません。

それはそれとして、ここではオフィスの家賃を安くできる手法をいくつか紹介します。私の場合は周辺の家賃調査をした上で、賃料交渉をしました。けれども「交渉したって簡単に下がるものじゃないよ」と言われれば、確かにそうかもしれません。それでは大家と交渉しなくてもいいやり方をお教えします。

38 共同オフィスはスペースをフレキシブルに変えられる

私の別のコンサルティング会社は、実はほかの会社と一緒に共同でオフィスを借りています。全部で5社が、可動パーテーションを使って約30坪のオープンスペースを分け合い、会議室、給湯室とトイレは共用しています。共用スペース分は確実にコストが安くなるのが、共同事務所の第一のメリットです。しかも可動パーテーションを移動して大きな空間を作り、異業種交流会や簡単な立食パーティも開いています。反対に可動パーテーションで会議室を細かく分けて使うこともあります。必要に応じてフレキシブルにスペースを変えられることが、共同オフィスの第二のメリットです。

オフィス家具は、ディスカウントストアで安い組立家具を探してきました。支柱や棚を自分で選んで組み立てられるコンポーネントシステムも便利です。

最近では公共施設の部屋も、ビジネスユースに開放するようになってきました。今の私のコンサル会社のオフィスの近くには、東京都千代田区の施設が2カ所あり、3時間1000円程度で借りることができます。セミナーや販売などお金をもらう仕事はできませんが、会議や打ち合わせ、社内研修は大丈夫です。以前はこうした施設は住民しか使えませんでしたが、地域の人口が減少して借り手が減っているようです。

近くにこのような施設があれば、必要最小限のスペースでオフィスを借りることが可能になります。

39 都心の一等地にオフィスが持てる「レンタルオフィス」

もしあなたの会社でオフィススペースが余っているようなら、レンタルオフィス、つまり貸し机屋の商売を始めることをお勧めします。机一つと電話一本の多少のスペースがあればいいという個人事業者はたくさんいます。東京の新宿や青山といった人気のある地域にオフィスを置きたいが高くて置けないという地方の会社も少なくありません。レンタルオフィスに対してはかなりのニーズがあると私は思います。

株式会社ビジネスバンク（東京本部：電話03‐5774‐0066）では、すでにこうしたニーズに応えるビジネスを展開し始めています。

通常は新しくオフィスを借りようとすると、保証金や設備費が必要で、保証人も探さなければなりません。ビジネスバンクが提供しているレンタルオフィスは、敷金や礼金、保証金、不動産手数料、連帯保証人が不要で、個人でも契約できます。オフィスがあるのは渋谷、赤坂、青山、西新宿など都内の一等地。会議室や給湯室、インターネット高速光ファイバー回線、カラーコピー機などが共用で利用でき、椅子や机、ファックスなど事務所に必要な什器や機器もレンタルします。

そのほか異業種交流会を定期的に開催したり、無料の独立起業サポートや経営相談、福利厚生サービスが受けられるなど、ソフト面からもすぐに起業できる環境が用意されています。

それだけに値段は決して安くなく、1〜2人用のオフィスで使用料8万円、共益費3万円前後、ほかに入会金15万円がかかります。便利さを考えれば決して高くはないと思いますが、あとはこれだけコストをかけるかどうかという判断しだいです。

詳しくはホームページhttp://www.openoffice.co.jp/を参照してください。

40 これから増えてくる「コンバージョン型」オフィスとは

今後、都心ではこのようなレンタルオフィスが増えてくるはずです。既存のオフィス向けビルを改装して住むこともできるようにした「コンバージョン型」の物件も出ています。郊外に自宅を持ちながら、都心にＳＯＨＯ型のビジネスオフィスを持ち、ウイークデーはここで生活するというライフスタイルが定着するかもしれません。

こうしたオフィスが増えてきたのには、いわゆる東京の「２００３年問題」の影響もあります。六本木ヒルズや汐留シティセンターなど、一等地に巨大なオフィススペースが誕生しました。ほかにも新規のオフィススペースは２００３年に入って急増しています。既存物件よりも広くて割安ですから、今までのテナントはこうした新しいオフィスにどっと逃げ出します。すると残された古いオフィススペースをなんとかして埋めなければなりません。

場合によってはビルのオーナーが安値で手放すケースが出てくるでしょう。それを買い取ってベッドルームとシャワールーム、キッチンをつけて売り出す。それが「コンバージョン型」ＳＯＨＯオフィスになります。

今紹介したビジネスバンクのレンタルオフィスだけでなく、価格帯や地域別に、多様なニーズに応じたオフィスが出てくるのではないかと思います。

41 便利でコストがかからない「私書箱サービス」

もっと圧倒的にコストを圧縮したいなら、最近登場した「電子レンタルロッカー」を利用する手があります。私の友人が始めた株式会社エックス・キューブ（http://www.x-cube.co.jp/）の「クロス・キューブ」というサービスです。

これは携帯電話の番号をカギとして機能させたコインロッカーです。誰かに書類や品物を渡したいが、時間がうまく合わないときがありますね。そんなとき、例えば新宿駅にある電子レンタルロッカーに入れておき、渡したい人の携帯電話の番号を登録しておきます。すると2時間後に現れた相手が、携帯電話からコインロッカーに番号を送って、中のものが取り出せるというわけです。

料金は時間制で１００円から。特定のロッカーを月極めで契約してパーソナルボックスとして利用することもできます。ある場所のロッカーから別の場所のロッカーへ送ってもらい、そこで荷物を受け取るようなこともできます。現在、この電子レンタルロッカーは新宿駅、東京ドームなどで利用できます。

エックス・キューブでは、電子レンタルロッカーと住居表示を持つ専用の私書箱、トランクルームを組み合わせたテナントも提供しています。利用者は手紙や宅配便の荷物を自宅以外の場所で受け取れます。このような「私書箱サービス」は、都心にオフィススペースがあれば……と思っている個人事業者や企業に便利です。特にあまり住所を知られたくないと思っている女性にもありがたいサービスです。

アメリカでスタートしたメールボックスエトセトラ社（http://www.mbe.co.jp/）も、日本で私書箱サービスを開始しています。

42 都心に格安の駐車場を確保する方法

昔、都内某所でしょっちゅう路上駐車をしていました。それがどうしたと言われそうですが、この路上駐車は合法的なもので、しかもタダでした。道一本外れると駐車禁止なのですが、なぜかその通りだけは停めても怒られませんでした。なにしろお巡りさんに「あそこなら大丈夫だよ」と教えてもらったのですから。

今も自由に停められるのかどうかは分かりませんが、あそこの通り沿いにオフィスがあれば、さぞ便利だったろうにと思います。

来客がクルマを停めやすいことも、オフィスの条件の一つです。

以前、事務所の近くに駐車場がなくて困っていました。週末と夜間だけ駐車場を使っている人を見つけたので、ウイークデイの昼間だけ貸してもらって駐車場代を折半にしてもらいました。もし先方がウイークデイの昼間に使いたいときは、そちらを優先としました。駐車場の貸主には、共同使用することを断りました。この方法で何台分か駐車場を確保しました。その後、こちらで借りた駐車場を同じような条件で人に貸したこともあります。

このようにすれば、駐車場が逼迫している地域でも、相場の半額でスペースを確保できます。折半にするか7対3かなどの条件は、交渉しだいとなります。

43 ターミナルならデパートの駐車場が穴場

駅前や繁華街で、クルマが停められなくて往生した経験をお持ちの人は多いと思います。こんなとき、私は路上のコイン駐車場が空くのを待つよりも、デパートの駐車場に駆け込みます。駐車料金はかかりますが、デパートの中で買い物をすればタダになります。

そのときどきに必要なものを買えばいいのですが、大抵は5000円の商品券を買っています。これは人に差し上げるのに使ってもいいし、社員の慰労用にもなります。商品券でなくても、ビール券でも図書券でもなんでもいいのです。もちろん領収書は切ってもらいます。

ですから私は「外で打ち合わせするならデパートの近くにしよう」とよく提案しています。

44 高速道路料金が最大30%安くなる

交通費のコストダウンでは、高速道路料金が安くなる協同組合埼玉県高速道路利用センター（http://www.ipr.ne.jp/~kousoku/）のサービスを紹介しておきます。

最初に1万円出資して協同組合に加入すると、料金別納カードが使えるようになります。このカードを通行券と一緒に料金所で渡すと、翌々月の後払い精算になり現金が必要ありません。毎月の利用額に応じて10%から最大30%まで、高速料金が割引になります。一般の料金所でもETCゲートでも利用できます。通常は料金別納カードには保証金が必要になりますが、これも協同組合が立て替えてくれます。ただし公団の手数料としてカード1枚600円がかかります。

利用できるのは日本道路公団が管理する高速道路（一部では割引対象外となる）で、一般有料道路でも使える場合があります。

高速道路を頻繁に利用する会社だと割引制度で相当コストダウンできます。支払いは自動振替で、決済日を最長で65日後に持ってこられるのもメリットです。

コスト管理術

ACT 2

使える情報通信ネットワークを構築する

45 メールアドレスを持たないビジネスパーソンとは付き合いたくない

「IT社会」などという言葉が登場してからまだそれほど経っていませんが、ビジネスの世界ではパソコン、サーバー、ウェブ、電子メールなどは完全に定着した観があります。あまりにあたりまえなので、もうちょっとすると、誰も「IT」なんてわざわざ言わなくなるのかもしれません。

個人的には、インターネットを活用しないビジネスパーソンとはあまりお付き合いしたくないなあ、とさえ思います。名刺にメールアドレスが入っていないと、この人は時間を有効活用する気がないのかと、それだけで軽く見てしまいそうです。名刺の表に名前しか入っていないような偉い方と、お客様は別ですが。誰にとっても年間2000時間プラスアルファしか就労時間は与えられていない貴重な資源であるこの「時間」こそ、最も大事にすべきだと思うからです。

もちろんITもただの道具です。使い方しだいでは無用の長物になります。大金を投じたのにろくに使われないケースもよくあるようです。情報通信ネットワークも、価値を生むものにこそ投資しなければなりません。

46 インターネット上で互いにスケジュールを確認する

オフィスで使われる代表的なＩＴツールに、グループウェアがあります。情報を共有し相互運用する目的で作られたソフトウェアで、主な機能はスケジュール管理、電子会議室、データベース、ワークフロー管理です。電子メール機能も、グループウェアには通常付いています。

電子メールの重要性については今さら申し上げるまでもありませんが、スケジュール管理機能もなくてはならないものになりました。このツールで全スタッフのスケジュール帳が、インターネット上で互いに確認できるようになりました。

何人かのスタッフのスケジュールを急いで調整しなければならない。しかし外出していて確認がとれない……。こんなときもインターネット上のスケジュール管理機能に各自がスケジュールを公開しておけば、オフィスにいる人間でもすべてを把握できます。

スケジュールを入力できるのは社内の人間のみ、社外の人は閲覧だけ、という設定をすると、外部ビジネスパートナーなど外部の特定の人にも自分のスケジュールを公開できます。

47 経営者はスケジュールを社員に公開しておく

少なくとも経営トップは、自分のスケジュールを社員に公開しておくことにしましょう。トップの日々の活動は、仕事上関わりのある社員なら全員が知りたがっているからです。自分の動きを知ってもらい、仕事を少しでも多く「社内アウトソーシング」してしまいましょう。そうやって自分にしかできない業務に集中し、自分自身と会社全体の生産性を最大化させなければなりません。

自宅でも出張先でも互いのスケジュールが見られるし、一度に複数の人に伝えられます。電話で調整していた時間がカットされ、一瞬にしてオフィス全体の動きが把握できる。これは大変な「時間のリストラ」です。スケジュールをネット化することは必須事項、「しなければならない投資」に入ります。

私の場合は、スケジュールを毎日プリントアウトし、手帳にはさんで持ち歩き、手書きでどんどんスケジュールを追加します。オフィスに帰ると総務の担当者に手帳を取り上げられ、手書きのスケジュールがキーボード入力されます。もちろん自分でも入力することもありますが、それ自体が結構面倒な作業なので、手書き＋プリントアウトしたスケジュール帳を持ち歩くというこのスタイルにほぼ落ち着いています。

48 携帯電話なら一斉同報で指示を出す

グループウェアを携帯電話と組み合わせると、さらに強力な威力を発揮します。携帯電話からアクセスできるスケジュール管理機能を使うと、外出先でもタイムラグなしにスタッフ間でスケジュール調整が済んでしまいます。

同報機能を使うと、同じ部署などのグループ全員の携帯電話に、一斉にメールが送られます。「もしかして言い忘れてたかも」「あれどうなってたっけ?」と思い出したときに、電車の中からでも会議中でも、自分の携帯電話から指示を出せます。折り返し連絡を求めれば、すぐに確認もとれます。たとえ出張中の社員であっても、携帯電話のスイッチを切っていないかぎり、連絡がつくはずです。

部署ごとにグループ登録しておくだけでなく、「役員」「家族」などのグループを作っておきます。送るときはそのグループを選択すればいいのですから、いちいち選ぶ手間もかかりません。

49 メールはすべて携帯電話で受信する

携帯電話は、ビジネスのやり方を根底から変えてしまったと私は思います。その理由は一言で言えば「クイックレスポンス効果」です。思いついてから相手に伝えるまで、そして連絡から返事をもらうまでの時間が大幅に短縮されました。携帯電話の持ち主の意識さえ高ければ、極小化されたといっていいと思います。

ことに優れモノは携帯電話のメールです。

夕方、外出先から帰ってくると、デスクの上にその日1日分電話の伝言メモが小山のように積まれていることがあります（やれやれ）。連絡をとっても先方はすでに帰宅していたりします。すぐに結論を出したい案件がいくつも翌日回しに。金曜日の夜だったりすると翌週の月曜日まで3日間のブランクができてしまいます。パソコンを見ると、今度は未読メールが溜まっています。

こんなことにならないために、携帯電話のメール機能を活用しましょう。パソコンあてに送られてきたメールは、携帯電話に転送するよう設定します。伝言メモは、スタッフに自分の携帯電話まで送信してもらいます。電話を受けたスタッフが、相手の名前、電話番号、端的にまとめた用件を携帯電話のメールアドレスに送信します。これで情報伝達のタイムラグがなくなります。会議中に着信しても、メールなら内容を確認できます。多くの携帯電話では、メールに入力された電話番号はダイヤルしなくてもそのまま発信することが可能です。

携帯電話のメールを使いだしてから、業務処理スピードは格段に向上したことを実感します。私がメールで用件をチェックするのを知って、最近では電話でなく最初からメールで発信してくれる知り合いも増えています。

よく言われる「ほうれんそう」（＝報告・連絡・相談）の大切さは今に始まったことではありません。この「ほうれんそう」を実現する強力なツールが携帯メールです。私の場合、携帯のメール着信リストはそのまま「Ｔｏ　Ｄｏリスト」にもなっています。

50 メールは最初に結論を書いてもらうとありがたい

今や携帯電話は誰でも持っています。メールアドレスを取得するのも簡単です。どうも携帯のメールは苦手で、という人もいるでしょうが、スタッフ全員が利用する環境をぜひ構築してください。メールを着信すると呼出コールが鳴るか、あるいはバイブが振動しますから、すぐに応答できないときでも、少なくとも「何か連絡があったな」ということは確実に分かるはずです。

パソコンのメールも携帯に転送されることを想定して、「私宛のメールはパソコンに送るときもあいさつ抜きで送ってください。全然失礼じゃありません」と私は会う人に言っています。一番ありがたいのは、結論を最初に書いてくれることです。あいさつがあって、説明があって、最後に結論が書いてあると、携帯電話の画面を最後までスクロールしなければ用件が分からず、最悪の場合は肝心の用件が行数制限で分からなかった、ということになってしまいます。

このような失敗を最小限にするため、携帯メールの前文を何通りか作ってスタッフ全員に配布しておくのもいいアイデアです。例えば社内向けの指示の時は「指示　○○せよ」「指示☆至急　連絡せよ」など。外部向けには「お願い　○○の件」「○○を了解しました」など。それぞれの職場の仕事の都合に合わせて作るといいでしょう。前文を携帯に登録しておけばワンタッチで呼び出すだけでよく、一字ずつ入力する手間も省けます。

まだまだ携帯電話には未踏の広野が開けていそうです。みなさんも携帯電話の機能を追求し、使い倒してください。

51 お客様の携帯電話を広告宣伝ツールにしてしまうシステム

携帯電話のメール機能を使って、客寄せをしてしまうというシステムを作ることができます。レストランやスナック、喫茶店など飲食店の経営にはうってつけです。

まず、店に来たお客さんに「よろしければ会員登録しますので、携帯電話を貸してください」とお願いします。「会員はこれから一生、この店に来たら最初のビール一杯はタダですよ」とでも言えば、きっと会員になってくれることでしょう。預かった携帯電話に、店側のサーバーとつながっているアダプターを接続し、お店の電話番号などの情報を登録します。同時にサーバーにはその電話の番号とメールアドレスが記録されます。

そのようにして集めたお客さんのアドレスに、必要に応じて一斉同報でメッセージメールを送ります。夜7時になっても今夜はお客の入りが悪いな……と感じたら、「今日8時までに来店していただければ、会員だけにビール一杯+ドリンク一杯無料」とします。どこの店に入ろうか迷っている状態であったら、ほかに行くよりはあそこにしようか、となります。メッセージは「今カウンターに美人が来てるよ!」という半分ジョークっぽいものでもいいのです。もちろん本当に美人がいるのがベストですが。

これで集客効果が上がれば、人手はほとんどかかりません。営業コストとしてはタダみたいなものです。広告費のコストダウンと考えることもできます。

携帯電話に接続するアダプターは一個3000円程度で売っていますが、こういうシステムを自前で作るのは大変です。集めたお客さんのデータを一元管理してくれるレンタルサーバー業者にアウトソーシングしてしまうと楽です。ハードへの投資もいりません。

実は今、私の知り合いが、こんなシステムを提供するレンタルサーバーのサービスを考えているところです。早く実現することが待たれますね。

52 人に会うならホームページを見てから行け

情報ツールとして、これまた底知れぬ可能性を秘めているのがインターネットです。ある程度の規模の会社になれば、ホームページを持っていないところはほとんどありません。事前にホームページを見て会社の予備知識を得てからその会社の人と会う、という単純な利用方法だけでも、インターネットを使う価値ありです。

検索サイトをフル活用することにより、これまで手間と時間をかけてようやく入手できた情報が、居ながらにして短時間で集めることが可能になりました。

代表的な検索サイトといえば、まず「ＹＡＨＯＯ！」(http://www.yahoo.co.jp/) の名が挙がります。ここをブラウザを立ち上げたときに最初に出てくるホームページにしている人も多いと思います。私は「Ｇｏｏｇｌｅ」(http://www.google.co.jp/) というサイトもよく利用します。「ＹＡＨＯＯ！」はジャンル別検索や、ニュースやショッピングなど各種サービスが充実しています。一方「Ｇｏｏｇｌｅ」のトップページはキーワードを入れるボックスだけ（ジャンル別検索のページもありますが）。その分、情報が扱いやすい各種の工夫が凝らされています。同じサイトの中でみつかったページをまとめて表示するなど表示方法にも気をつかっています。ほかのページからのリンク数が多いほど有用な情報である確率が高いという発想から、リンク数が多い順に並べてあるのも特徴です。

53 事典・辞書として使える検索サイト

「Ｇｏｏｇｌｅ」では、そのキーワードについて情報価値が高いものが上位にあるため、並び順を見ると、認知度が高いものはどれか見当がつきます。ある人の名前が上の方にたくさんあれば、その事柄についての権威であったり先駆者ではないかと推測されます。企業名でも同じで、シェアの高い企業、技術力の高い企業などが上の方に来ることが予測できます。そこからその会社のウェブページに飛んで知識を収集して……と、芋ヅル式に調査対象を広げていけます。

よく分からない言葉について知りたいときも、手元に辞書がなくても大丈夫。「Ｇｏｏｇｌｅ」を使って調べます。例えば「減損会計」について知りたいなら、そのまま「減損会計」をキーワードとして入力してもいいのですが、「減損会計とは」とすると、説明が次につながるような文章があるウェブページが選ばれます。結果として、「～とは」を付けることによってインターネットが辞書として使えるわけです。

セミナーの資料作成の準備などにも、こうして検索したデータを利用することはよくあります。何カ所かのウェブページにあるデータを集めて加工すると、下書き程度のものならすぐできてしまいます。ゼロから資料を集めていたことを考えると、本当に時間がかからなくなりました。

欲しい情報にたどり着くまでには、簡単に見つかることもあれば、なかなか出会えないこともあります。回数を重ねると、キーワードの選び方や並べ方のノウハウも上達するものです。センスの善し悪しもある程度あるでしょうが、縦から横から斜めからと、いろいろな検索を試みるうちに思わぬ発見もあります。常にトライし続けてみてほしいと思います。

54 携帯電話の電波障害をインターネットを使って克服

実際に情報収集に成功し、有効な投資をした例をお話しします。

私のオフィスは都心にありますが、以前は携帯電話の電波がなぜか届かないスポットがフロアの一部にありました。後から知ったことですが、異なる携帯電話会社の電波が干渉し合い、本来なら基地局から十分電波が届く範囲のところでも、圏外になってしまうケースがあるそうです。

携帯電話がつながらないのは、ビジネスパーソンにとっては死活問題です。地下街やビルの中で電波が来ない食堂や喫茶店がありますが、少なくても電話待ちしているときは、そこで食事したり休憩することはありません。テーブルについて携帯電話を見て、圏外だと分かった時点で「悪いけど」と席を立ってしまうでしょう。携帯電話が通じないと、営業の人などは、さぼっているんだろうと疑われてしまいます。

そこで「携帯電話」「電波増幅器」というキーワードの「ａｎｄ検索」で、「Ｇｏｏｇｌｅ」におうかがいを立ててみました。キーワードを、間にスペースを空けて並べれば、すべてのキーワードに該当する情報が出てきます。すると携帯電話の電波増幅器を扱っている会社がいくつか出てくるではないですか。その情報をもとにさらに独自に調査をし、ある会社にさっそく工事を依頼しました。値段は一式39万８０００円とちょっと高かったのですが、どうしても投資しなくてはならない必須コストです。

工事後は、おかげで快適に携帯電話がつながるようになりました。

55 サービスサイトで簡単に案内地図を作る方法

前にオフィスの案内図を作る話をしましたが、そこで紹介した地図配信サービスサイト「マピオン」（http://www.mapion.co.jp/）もよく利用するサイトの一つです。昔は資料や書類に地図を添付しなければならず、何度も書いては消しゴムで消しながら苦労して描いたものですが、その作業からも解放されました。

このサイトは、住所、郵便番号、駅、ランドマーク（目印となる建物）から目的となる場所を検索し、地図表示をします。広い範囲の情報が見られる地図から、狭い範囲を大きく見られるものまで、何通りかの地図が選べます。そして目的の場所には矢印やマークを付けることができます。

できた地図をそのままプリンタで出してもいいのですが、「マピオン」のサイトに地図が保存されるので、別の人がアクセスしてあなたの作った地図を見ることもできます。地図を見に行くのはパソコンからでも携帯電話からでもかまいません。「マピオン」のサイト内に、あなたの地図がしまってあるアドレスがあります。そのアドレスをメールで相手に教えてあげれば、その人はアドレスをクリックすることで、地図が見られるというしくみです。

このサービスは使用料金や会員登録は不要です。

仕事にももちろん便利ですが、デートの待合せ場所を伝えるのにも最適ですね。

56 時刻表サイトとタウンページならここ

インターネット上で利用できるサービスはたくさんありますが、例としてあと2種類載せておきます。

◎時刻表サイト

「Ｙａｈｏｏ路線情報」(http://transit.yahoo.co.jp/)

「えきねっと時刻乗換案内」(http://www.jnavi.eki-net.com/)

いずれも出発駅と目的地を入力すると、経路と時間、料金を表示してくれます。時刻指定をすることで、列車の発車や到着時刻も分かります。「えきねっと時刻乗換案内」はＪＲが運営していますが、私鉄(一部を除く)や航空路線も含めて検索してくれます。

検索サイトで「時刻表」というキーワードで探すと、駅別の時刻表が手に入るサイトも分かります。「○○バス」＋「時刻」で検索すると、バスの時刻表も探せます。近くの停留所の時刻表をプリントアウトして貼っておくといいでしょう。

◎インターネットタウンページ(http://itp.ne.jp/servlet/jp.ne.itp.sear.SCMSVTop)

電話番号が無料で検索できます。「キーワード」「業種名」「店舗・企業名」及び地域から対象を絞り込みます。紙の電話帳の「タウンページ」と同じですから、個人名での検索はできませんが、有料の電話番号案内サービス「１０４」に電話する前に、まずこちらで調べてみてください。電話番号が判明すると、住所も教えてくれるし、地図表示までできます。

「キーワード」や「業種名」検索をうまく使えば、ＤＭの送り先リストもあっという間にできます。

57 アニメ＋BGM付きメールで好感度アップ

お礼状をメールで送る人も多いと思いますが、言葉だけではちょっとさびしいかなというときに、アニメ付きのメール礼状はいかがでしょう。ＡＯＬの会員サイトには、各種のアニメ＆伴奏付きメールが用意されています。

例えば「○○様行き」という宅配便のトラックが出てきて、お届けものですとドアのベルを押すアニメーションが続きます。次の画面では送った人のコメントが出るようになっています。お礼状はつい面倒で書くのが遅れて、タイミングを外すことがあります。これなら好きなアニメや音楽を選んでコメントを数行入力すればいいので、「書かなければ」という心理的負担がなくさっさと出してしまえます。

もうひと工夫すると、セミナーへの参加のお礼など大勢の人に一度にまとめて送ることもできます。まず自分宛てにこのメール礼状を送ります。このとき宛て名は「○○ご参加のみなさまへ」としておきます。するとＡＯＬからは、サイトにあるそのお礼状のアドレスが記されたメールが届きます。通常はこのアドレスをクリックしてお礼状を見に行くのですが、そのメールを、お礼をする相手に転送します。こうすると何十人、何百人の人が、あなたが作ったお礼状を見られるというわけです。

サービスはＡＯＬの会員向けで、アニメ付きメールの保存期間は3カ月です。

このように少しだけお礼状も凝って、相手に強い印象を残すように考えてみてはいかがでしょうか。

58 忘れっぽい人にはうってつけのリマインダサービス

やはりメールを使ったサービスで「リマインダ」というのがあります。文字通り、リマインド＝何かを思い出させてくれるサービスです。例えば奥さんの誕生日を忘れないように、当日かその2、3日前に、「○月○日は奥さんの誕生日です」とメールを送るように設定すると、ちゃんと指示した日に送ってくれます。つまり過去の自分が「もしもし」とそのときになって教えてくれるのです。

ビジネスでも絶対に忘れてはいけない日取りがありますから、この「お知らせメール」を使ってすっぽかさないようにしましょう。特に半年先、1年先のことになると、スケジュール帳に書いても忘れてしまいがちです。

顧客の誕生日や本人だけでなく奥さんやお嬢さんの誕生日、創立記念日、事務所のスタッフの誕生日などにお祝いのメッセージを送ると、きっと感激してくれるでしょう。ほかにもさまざまことがリマインドできます。

携帯電話にこのようなお知らせメールを送ってくれるという無料サービスが「コレカラ」(http://shop.denno.com/tech/)です。事前登録が必要ですが、メニューを順番にたどっていけば簡単に使えます。

パソコンのメールソフトにも、同じようにチェックしておいた日に自分宛てにメールを送ってくれるものがあります。でも私は、リマインダはアウトソーシングするに限ると思います。もしその日にパソコンの電源を入れなかったら、見ることはできませんから。

59 簡易テレビ会議システムならNTTの「フェニックスミニ」がすぐできる

ＩＴツールはインターネット関連のものだけではありません。パソコンを使わなくても、テレビ会議は専用電話機のおかげでごく身近なものになっています。最も安価ですぐに導入できるのがＮＴＴのテレビ電話機「フェニックスミニ」です。本体が1機6～7万円台、ほかにエコー防止集音マイクとスピーカーが約4万円。これをそれぞれのオフィスに用意してＩＳＤＮ回線でつなぐだけでテレビ会議システムができあがります。

画面はそのときに発言している人物のみが映るように切り替わります。小画面で高精細さは望めませんが、十分に用は足ります。画面分割でそれぞれの顔が出るテレビ会議システムもありますが、それと比べても不便を感じたことはありません。

外国製のパソコン用テレビ会議システムを使ったこともありますが、なかなか思うように動いてくれませんでした。今のところは、ＩＳＤＮの電話回線を使ったこのテレビ会議専用機で満足しています。

もちろん1対1のテレビ会議も便利ですが、これがありがたいのは何カ所かの営業所をつないでテレビ会議をするような場合です。もし1カ所に集まって会議をするとなると、その時間を割いた分の人件費と交通費が確実にかかります。そう考えると、1回の会議で投資コストは回収できるのではないでしょうか。「コストカットのためにコストをかける」という見本です。

各地のNTTグループ販売会社に問い合わせをすれば、設置からサポートまでやってもらえます。

60 移動しなくても電話会議で済む

遠隔地を結んで会議をする方法としては、電話会議もあります。電話はどのオフィスにもあるものですから、設備への初期投資がかかりません。

ビジネス電話には、電話会議の機能が付いているものがあります。オフィスの電話を最初からこれにしておくと、いざというときに何カ所かをつなぎ、交代で会話ができます。エコー防止集音マイクとスピーカーがあれば、こちらで3人、あちらで5人という形での話もできます。

一般的な電話機や携帯電話を使った電話会議をコントロールしてくれるアウトソーシング会社があります。「XPEDITE」の日本支社（http://www.xpedite.co.jp）では、使用時間に応じた料金体系で電話会議サービスを提供しています。使い方は、指定された番号に決まった時間に一斉に電話をかけるだけ。司会進行役を担当する人が、今誰の発言を流すかなどコントロールしながら進めていきます。最初に簡単な使い方を説明しておけば、初めての人でも問題なく参加できます。

追加インフラ、教育コスト、設備投資、交通費、準備作業時間などのコストは、すべてゼロ。もちろん交通費もいりません。これまた究極のコストカットツールです。定例会議などは、ファックスやメールで事前に資料をやりとりしておけばいいのです。対面式の会議の多くはこれに切り換えてしまってもいいのではないでしょうか。

61 夜8時に毎日電話会議をすることで作業効率が格段にアップ

ある学習教材の訪問販売会社は、関東地方に20あまりの営業所を展開しています。以前は毎日の売上や営業活動の報告をするために、各支店長から本社にファックスした上で電話連絡を行い、本社ではその内容を一覧表にしてファックスで支店に送り返すという作業を繰り返していました。

いつも夕方から夜の時間帯にこの電話が集中してしまい、支店の間で調整のための話し合いが入ったりすると、本社ではその結果連絡を待って決済を下さないといけません。本社にいる本部長は、この作業に毎日2時間を費やしていました。これはかなわないというので、電話会議システムを使ってみました。

毎日夜8時になると、電話会議の番号に一斉に電話がかかります。会議をコントロールするのは本社の本部長です。移動中で携帯電話からかけてくる支店長もいます。売上と営業活動の報告を順番に行い、支店間の調整も済ませます。連絡と打ち合わせ、報告のとりまとめが一度に済むことが分かり、事前のファックス連絡もいらなくなりました。作業効率が格段にアップしたことは言うまでもありません。

在庫状況の確認、営業戦略の共有、業務活動への意識づけ、緊急会議……いろいろな応用方法が考えられるシステムです。

62 ファックスDMはアウトソーシングが一番

今紹介した「XPEDITE」は、このほかに大変強力な営業支援ツールを持っています。ファックスを使ったダイレクトメールシステムです。

一通のDMを送ると、通常は封筒代、封入料金、送料などを合わせて単価で200円ぐらいかかるはずです。これをファックスで送れば安上がりではないかというのは、誰でも考えます。送付リストを作成して実行している会社もあるでしょう。「XPEDITE」の特長は、非常によくできた送付リストのコンテンツを持っていることです。ＤＭそのものの紙面も、必要項目などを提示すれば作成してくれます。

送付リストは、地域、業種、企業規模などの組み合わせから選べます。使ってみると分かりますが、狙ったターゲットにほとんどピンポイントで送れるのではないかと思えるほどです。自分で送付リストを作るよりも、この方がよほど楽で的確です。もちろん特定の相手が決まっている場合は、そのリスト通りに送ってくれます。

料金は、夜間の回線が空いている時間に送れば１枚18円、即時通信で24円。ファックスがある企業ならどこでも送ります。宛て名は送り先ごとに個別に入ります。届かなかった場合は再送し、送信結果報告も出します。最終的に届かなかった分は引いて請求されます。

紙のＤＭと比べるとコストは約10分の１。製品やサービスの売り込み、代理店募集などには最適です。

リクルートのＤＭサービス「ＦＮＸ販促Ｎａｖｉｇａｔｏｒ」は、送付リスト作成サービスはありませんが、メール、ファックス、紙媒体のＤＭをまとめて管理してくれるのが特長です。メールでまず送り、アドレスが分からないところにはファックスで送り、それでも届かないところは紙媒体を送るという使い分けが自動的にできます。

詳しくはhttp://han-navi-desk.recruit.co.jp/msd/index.htmlを参照してください。

63 「コンピュータ屋さん」に頼ると過剰投資してしまう

小さな会社が情報システムを作ろうというとき、何に気をつければいいでしょうか。

よく経営者から、情報通信システムの構築をどうしたらいいだろうかと相談を受けます。話を聞いて思うのは、経営者自身が自分の会社に最適なシステム規模や内容がイメージできないこと、そのためにコンピュータに詳しいと思われる人に依存してしまっていることです。こうした「コンピュータ屋」は営業にやって来るディーラーやSEだけでなく、その人が個人的に親しい人だったり、社員の一人だったりします。

もともとコンピュータ屋さんは、自分がコンピュータが好きでのめり込むタイプが多いので、あれもこれもコンピュータを使ってやってみたいとうずうずしています。そこに相談を持ちかけたら、どんな結果になるか見えています。会社のニーズに関係なく、あれもこれもできるようなシステムを勧めます。なにしろ自分のサイフは痛みません。

助言に従って作ってみると、オーバースペックであったり、実際に使う人にとって扱いにくい代物だったりします。コンピュータ屋さんの趣味に付き合わされてしまうわけです。営業に来るディーラーやSEにしても、高いものが売れればその方がいいというのが基本的な立場ですから、あなたの本当に望むシステムが組める保証はありません。上手に投資すれば非常に生産性のいい設備になりますが、下手にやると高いだけで使えないという、効果を生まない無駄なコストになってしまいます。

そうしないための防衛策は、二人以上の人に相談することです。あるいは複数の人が出してきた提案を、相互に見せてチェックしてもらいます。提案する人に悪意はないと思いますが、自分の好みに傾いていたり、限られた経験のみから判断している場合もあるはずです。こうして、他人の提案に対する専門家（あるいは専門家と称する人）の意見も聞きながら、最後は経営者自身が判断しなければなりません。

64 情報化投資、素人は「刻む」に限る

小規模な企業のＩＴ投資は、少しずつステップアップするのが原則です。導入してみてハズレだとダメージが大きいこともありますが、うまくフィットしたシステムであっても、大規模なものになるほど稼働させるまでに時間がかかります。社内スタッフへの研修、担当者の決定など、半年以上かかることも覚悟しなければなりません。この世界で半年過ぎれば技術のトレンドが変わってしまいます。最新鋭のシステムだったのが、覚えた頃には陳腐なものになるかもしれません。

ゴルフの攻め方に「刻む」というのがありますね。IT投資もあれと同じです。素人が一発でグリーンに乗せようとしても無理です。経営者も社員も、1打ずつ刻みながら進んでいく過程で、使い勝手も分かるようになり、自社に向いたシステムが見えてきます。

私のオフィスではサーバーを3台ほど入れました。「これがトレンドだ」「将来絶対必要になる」というのが殺し文句です。しかしやってみて分かりましたが、小さな企業ならそんな必要はありません。レンタルサーバーに限ります。月々いくらかずつ払えば、ハードへの初期投資はほぼゼロです。コンピュータこそアウトソーシングすべき最たるものだということを実感しました。

セキュリティについても、社内にサーバーを持つより外部のプロが運営するデータセンターに情報を格納してもらう方がよほど安全です。悪意ある外部からの侵入者に狙われれば、いくらファイアーウォールを設けても、最終的に社内サーバーは侵入されてしまう覚悟をしなければなりません。

65 レンタルサーバーサービスの方が絶対に安い

以前は元帳などの帳票類をプリントアウトして、保存したり顧問先企業に渡しました。それがフロッピィでの保存や引き渡しが主流になり、今ではメールで送るか、あるいはASPを使うのがあたりまえです。ASPはレンタルサーバーサービスの一種で、単なるサーバーの場所貸しだけでなくソフトウェアが使えるようになっています。

ASPはインターネットからレンタルサーバーに接続して利用します。私のところでは会計事務所も顧問先も同じレンタルサーバーに接続し、サーバー上にある財務会計ソフトを使っています。ソフトウェアを自分が所有するサーバーやパソコンにインストールする手間がいりません。バージョンアップもレンタルサーバー側でやってくれます。それにハードディスクの容量を心配しなくていい、データのセキュリティも業者にお任せで安心、世界中どこにいても利用できるといいことずくめです。

今使っている財務会計のASPは、サービス内容によって月額5000円から1万5000円程度の料金で、申込書を提出するだけで5営業日後までに開通します。メールサーバーやホームページを作る程度のサービスがついたレンタルサーバーだと月額2000円程度から利用できます。やりたいことが増えていくに従って、料金の高いサービスに移行していけばよいのです。

なお社内にITに詳しい人間がいるに越したことはありませんが、会社のことをよく理解していつでも問い合わせに答えてくれるような、信頼できる専門家がいれば心強いでしょう。

こういうことは、アウトソーシングした方が結果が早いし、半端な知識の人に聞いて無駄なお金を使うことを考えれば、かえって安く収まります。私はコンピュータに関する相談はモトフプランニング（motoff@motoff.co.jp）というところにしています。

66 ファイル保存時には必ずフッタにデータを記録する

データが迷子になったり消してしまったときに備えて、バックアップをとっている方は多いと思います。データバックアップは当然必要な作業です。あるべきものが失われてしまう痛手は、各種コスト換算しても、相当大きな額になるはずです。

しかしデータが膨大に蓄積されると、一方で不要データを削除する作業も考えなければなりません。私たちは以下のような手順で不要文書の処分をしていますので、参考になればと思います。

まず3年以上アクセス履歴がないファイルをチェックして、「不要データ」とみなしサーバーから取り出します。これは別の文書保存用サーバー（または手元のパソコンのハードディスク）に移します。不要データを除いたサーバーのデータはまるごとバックアップします。不要データはファイル名とフォルダ名を文書フッタに記入して、いったん紙に出力します。

そして紙で見てチェックし「要」「不要」「一部修正」に分け、「不要」としたものは電子データ、紙データとも破棄します。「要」および「一部修正」分は紙文書を、電子データが保存されている順番に並べてとっておきます。

なおルーティンデータのバックアップ作業は、タイマー機能付きのバックアップソフトを使って毎日自動的に行っています。

67 一番手間がかかるのが、コンピュータの中でファイルを探す作業

誰かが作った文書をもとに、ちょっと手を加えただけで目の前の仕事に利用できることはよくあります。しかし肝心の、誰かが作った文書を探すのに手間取ると、かえって時間をロスしてしまいます。不要ファイルを削除しても、サーバーの中に蓄積されていくデータはどうしても大量になります。その中から見たいものを探し出すのに苦労していませんか。

毎日行っている作業の手間をいかに減らすか。あるいは作業自体をしなくてもいいようにするか。これを「動作経済」といいます。作業における「動作経済」の見直しは、常にしていかなければなりません。

サーバー内の文書を探し出す「動作経済」を高める手段は、フッタの活用にあります。フッタに文書があるフォルダ名とファイル名を必ず入れておきます。紙に出力した文書には、常に住所と名前が記録してある状態になります。あわせて文書作成日時も入れます。推敲を重ねたり再利用した文書は、どれが最終版かが分からなくなるからです。

文書の作者名も入れておくといいかもしれません。自分の家のパソコンにも保存してある文書には「＊」を付けるなど、共通記号で分かるようにしてもいいでしょう。

社内でこれをルール化し、スタッフ全員が共通理解している状態にすることが大切です。よく言われる「ナレッジマネジメント」の第一歩は、このような一見あたりまえの作業から始まるのです。

コスト管理術

ACT3

実戦に強力なアナログ式情報整理

68 すべての機器に操作説明書をくっつけておく

コピーやファックス、電気製品を買うと、必ず説明書が付いてきます。最初のうちは別にして、あとはほとんど見ることがないのではないでしょうか。

私のオフィスでは、すべての機器にときどき使用する必要な部分の使用説明書をパウチして付けています。オフィス自体が使い方のインストラクションの場になっています。例えばファックスには、1台ごとにワンタッチ送付する先の登録方法などの説明書きを付けています。説明書から使用する必要な部分をコピーしてパウチし、貼り付けてあります。

新しいお客様や仕事上のパートナーが加わるたびに、ファックス番号を短縮ダイヤルに新規登録し、不要になると次の新しい番号で上書き消去するシステムにしています。だから短縮ダイヤルの送り先がしょっちゅう入れ替わります。その作業を、登録しておいてと頼んでから10分後には終えておいてもらう。新しいお客様やパートナーにはすぐに連絡をとる機会が意外と多いですから。それをいちいち説明書を広げて「どうやるんだっけ」というのでは、タイムロスが出て困ってしまうわけです。ファックス自体に説明書きが付いていれば、今日入社したパートの人でも操作できます。銀行のOBの方にも「便利だね」とほめてもらったのが、この「オフィス＝インストラクション」方式です。

69 携帯電話ホルダーで、情報を撃つ「夕陽のガンマン」

コスト管理の中でも重要なのが、作業工程をいかにカットするかです。次のアクションにパッと移る。次の情報にすぐアクセスできる。「動作経済」を上げ、次の動作にパッと手がつけられる。そのように仕事のやり方を作り直すことは、コストダウンあるいはコストカットの作業そのものです。トップの仕事とは、今の作業を削ることであるといっていいぐらいです。それが前章でお話しした「動作経済」を上げることです。

高度な最新技術を使わなくても、「動作経済」を上げる方法はいくらでもあります。むしろふだん無意識にやっていることを改善する意味で、アナログ方式を見直すことこそが大切なのかもしれません。

例えば私は携帯電話を、いつもズボンのベルトに付けた米国コーチ社製のホルダーにさして、ブルブル震えたら即座に取り出して会話に入ります。携帯電話はまるで西部劇の主人公が愛用するガンのごとしです。これは自分にとってはもちろん、早い連絡を待ち望んでいる先方にとっても、とても重要なことだと思います。もしそのブルブルに気づかずにいて、緊急の仕事が1時間遅れ、1日遅れ……となっていったとしたら、大変なロスにつながります。いや、ちょっとした用件のちょっとした遅れであっても、それが積み重なればばかになりません。毎日何十回と行う作業ですから。

今、スタッフ全員に、私と同じようにホルダーを付けるよう指示しています（女性にはまた別の方法を考えないといけませんが）。これで電話やメールが来たのに「気づかなかった」とは言えなくなります。情報の大きなボトルネックが一つ解消されるので、どこまで効果が出るか期待しているところです。

いかにスピードを上げるか。生産性を上げるか。デジタルの手段を使う前に、こうしたところから情報管理を改善していくのはとても大事なことです。

70 A4サイズ封筒を使う文書整理、決定版はこれだ

よくアナログ情報整理術で取り上げられるのが、使い古しの封筒を使った文書整理です。さまざまな方式があり、それぞれに特長がありますが、試行錯誤の末に私は自分なりにこれぞ最適という方法にたどりつきました。

基本的には、封筒に書類を入れて分類保存するのですが、いくつかのノウハウがあります。実際にどうやっているか、順を追っていきましょう。

オフィスには数多くの送付物が届けられ、同時に数多くの封筒が到着します。この封筒を

再利用するわけですが、全部使おうと欲張らないで、A4サイズの紙が入る「角型2号」の封筒だけを残してあとは捨てます。色も茶色だけに統一していますが、これは色別にとっておいてジャンル分けして使ってもいいかもしれません。

この「角形2号」に、A4サイズの透明なクリアーファイルをあててみると、開口部が少し余ります。余った部分をカッターナイフで切り落とし、ちょうどA4サイズの紙が入る封筒にします。これでボックスファイルや袖机の引き出しにぴったり入るサイズになりました。

次になるべく大きなインデックスシールを、この封筒の横に出っ張るように貼ります。これで、できあがり。あとは中に書類を入れて、その内容をインデックスに書いて、適切な場所に保存するだけです。宛て先などが書いてない裏面を手前にして、インデックスシールが上に来るように横向きにして並べます。袋なのでなんでも放り込めます。

A4より小さいサイズの書類も入るし、メモ書きも場合によっては1枚につき一つの封筒を使います。写真、カセットテープ、CDなどなど、ポンポン放り込んで保管します。

すぐ使うものは手元の袖机の引き出しに収納し、必要ならカバンに封筒ごと入れて外出します。使わなくなったらファイルボックスに入れて分類し、さらにファイルボックスをいくつかまとめて大分類しラックに収納するという順番で、しだいに使わない資料になっていきます。これで文書整理は完璧です。

71 他人が探してもすぐ見つかるファイリングをしろ

情報アクセスができなくて最も困るのが、机の上や周囲などに積み重ねた書類の山です。探し出すのも大変、抜き出すのもひと仕事で、結局大掃除のときに初めて所在が分かったなんていうこともよく経験します。

書類の「ファイリング」とは、見つけやすく取り出しやすいものでなければなりません。ですから立てかけて並べ、インデックスを付けることが基本です。そうすることでいっぺんに一覧することができ、探している書類に早く行き着けます。

私は、いいファイリングとそうでないファイリングの差は、出先から電話で指示するだけでそのファイルが出てくるかどうかにあると思います。次のアクションへのアクセスが早くなりますから、オフィス全体の作業効率への波及効果も大きい。しかもこの封筒ファイルは、もともと捨てるものを再利用していますから、コストゼロです。

インデックスシールを貼って、放り込んで並べるだけ。手間もほとんどかかっていません。封筒が山のように増えても、インデックスシールだとさっと見渡して探すことができます。

封筒ファイルの手前の面には、電話番号やファイルについての備考などメモ書きが自由にできます。その業務に関係した人たちの名刺のコピーを貼っておくのもいいでしょう。

72 普通のビニール袋なのに、ものすごく便利

同じく「袋もの」で、ごく単純でありながら非常に便利なものを紹介します。やはりA4クリアファイルサイズの、なんの変哲もない透明なビニール袋です。使い方というと、これに書類を入れて持ち歩くというだけなんですが、中身はすぐ見えるし、汚れないし、何にでも使えるのです。カバンの中で探すときなど、すごく楽です。これに送付物を封入してシールを貼ってそのままDMにしてしまってもいい。知り合いに見せると誰もがみんな欲しがるので、気前よく分けてあげています。

といっても私は1袋2円の単価で作ってもらっています。バインダー用の透明な袋もありますが、作った方が安上がりです。1回2万枚作っても4万円程度だから、欲しがる方にさしあげても平気な価格です。

ちなみに作ってもらっているのは福助紙工（電話03-3893-6181）という会社です。

73 保存用には「タイベックス」の袋を使う

最初から中身を見ることなく保存してしまうことが前提の書類には、タイベックスの書類

袋が重宝しています。デュポンのタイベックスという素材で作ったA４サイズの袋です。これはペッタンコの薄い封筒ではなくマチが付いていて、たくさんの書類が保存しておけます。表面と側面には、必要事項が書き込める欄を印刷してあります。

会計事務所で扱う帳簿などの書類には、５年間とか7年間の保存義務があるものがあります。そういうものはこの袋に入れて倉庫にしまいます。紙だと置いておくだけでも長年のうちに劣化しますが、この袋は劣化せず、対磨耗性も強いので、こすれたり引っ張られたりしてもちぎれることはまずありません。規定の保存期間が過ぎたら袋ごと捨ててしまいます。

必要なものはオリジナルで作ってしまうと、自分にとって最も便利なものになります。最初に作るときは試行錯誤があってちょっと大変でも、二度目からは楽です。それにたくさん作れば、そんなに高くはならず、汎用品よりかえって安いぐらいです。

74 難しい名刺管理の方法

どんどん増えていく名刺の管理は、みなさんも苦労していることと思います。実は私も、これに関してはまだ決定的な解決策が見つかっていません。今はコピーをとって手帳に綴じ込んでいますが、「あの人の連絡先はどこだったたっけ……」とその中から探し出すのに苦労することもしょっちゅうです。

私のオフィスでは、これと同時にもらった名刺は全部キーボードで入力してデジタルデータ化し、データベースを作っています。だから名前を言えばデータはすぐ出てくるしくみにはなっています。さらにデジタルデータをPDAに落として持ち歩けばなおよいでしょう。

75 伝票処理をしない方が、かえって安上がり？

会計処理は、会社にとって必須業務の一つです。中でも伝票処理にはかなりの手間がかかっているものです。

小さい会社だと、社長が自ら日々時間を割いていることも多いですね。会計処理は自分流に勝手に変えてはいけないと思い込んでしまいがちですが、そんなことはありません。税理士の私が言うのだから、間違いありません。

とはいえ、この私も経理処理のコストについて真剣に考えるようになったのは、ある顧問先の社長から次のように言われてからのことでした。

「経理処理の作業にあたる人件費を、時間あたりの作業処理数で割ると、1件の経理処理について数十円かかっている。僕が立て替えている数百円程度の高速料金など細かい領収書などは、処理するのを止めちゃって捨てた方がかえって安くつくかもしれないね」

言われてみればその通り。工場での生産性向上は「カンバン方式」などで世界に名が通っている日本ですが、オフィスにおけるホワイトカラーの生産性向上については、これを求める視点が欠落しているといっていいかもしれません。

76 伝票整理は1週間分まとめてやれ

伝票処理は、要するに記録がちゃんと残り、信頼性が確保されればいいのです。そこで、毎日書くのを止めることにしてはどうでしょう。

考えてみれば、高速道路1回700円で毎回伝票を切るのなら、1週間分まとめてで十分ではないか。それも経理担当者の人件費を使うことはない。そこで私は、誰でも書けるような「現金入出金らくらく伝票」なるものを考案しました。

伝票記入者は、経費を払った社員本人です。ポケットに入っていた領収書を出して、該当する項目にマルをして、合計金額を書けばいいのです。これで書き方が分からないと言われたら、もうどうしようもないぐらい、カンタンです。私は1週間でもまだ早いと思い、1カ月まとめて伝票処理しています。顧問先の多くの会社にも「精算は1カ月ごとで十分ですよ」

社名

日付け付き 現金入出金らくらく伝票

承認	入力	出金起票

99 年 3 月 24 日 ～ 3 月 28 日 支払／精算　NO.

日付	摘要コード	現金入金摘要（内訳/誰に/何を/数量）	貸方科目	入金金額
			(A) 前回より繰越	20750
	104	売掛金回収（現金）	152 売掛金	
	494	預金より引き出し	131 普通預金	510000
	283	社長立替	399 社長勘定	

日付	出金金額	借方科目	摘要コード	現金出金摘要（内訳/誰に/何を/数量）
				(B) 入金合計　530750
	20122	733 交際接待費		(222) 取引先接待費用（課税） 223 取引先慶弔費用（非課税） 224 取引先贈答品 225 贈答用商品券・金券（非課税）
	1140	739 図書研究費		(351) 新聞・図書代 352 研修会・セミナー代
	8540	727 通信費		181 切手ハガキ代 183 電話代（現金） (201) 荷造費用・運送料・宅配便
	4845 2710	735 車両費		(171) ガソリン代等GS,CS払 172 高速道通行券 173 車両の修繕費 (174) 駐車場代（時貸し）
	2570	726 旅費交通費		161 電車・バス代 (162) タクシー代 163 出張旅費
		742 諸会費		361 諸団体の会費
		734 会議費		231 会議用食事・コーヒー代 232 手みやげ菓子代
	2490 4286	737 備品・消耗品費		(251) 備品・消耗品費 (201) 文房具・事務用消耗品購入
		741 支払手数料		391 振込手数料 305 支払手数料
	1450	724 福利厚生費		152 残業夜食（現物支給） (155) 社内お茶菓子代
		738 租税公課		382 印紙税 383 証明書等発行手数料
		399 社長勘定		234 社長へ出金
	25530	541 仕入高		(116) 商品・現金仕入
		557 外注費		131 外注費
	400000	503		社長へ返済
	473683	(C) 出金合計		(B)－(C) 今回の残金　57067

らくらく伝票サンプル 例
許可なくコピーおよび模造を禁ず
実用新案登録 第3031679号

振替らくらく伝票　毎日の記帳だけが、正しい証憑を作ります。（刑事訴訟法323条）

日付	借方金額	借方科目	摘要コード	摘要	貸方科目	貸方金額

211 広告料／371 修繕費支払／157 社内慶弔費／345 源泉税支払　＊「らくらく伝票」実用新案登録3031679号

簡易日.jtd/T-30/39

●現金入出金らくらく伝票

と勧めています。その間は社員に経費を立て替えてもらうことになるので、仮払いしておくなどの配慮は必要になりますが。

77 私は1カ月に一度しか経費精算しない

領収書はA4サイズの台紙に貼り付けます。領収書を下から上にずらして並べて、裏からのりをいっぺんに付けて貼れば5秒で終わります。「現金入出金らくらく伝票」もA4サイズです。左側にこの伝票、右側に貼り付けた領収書を見開きで対照できるようにして、2穴のファイルに綴じ込みます。伝票も台紙も裏は白い紙でいいのですが、私の事務所の場合はミスコピーの裏側を使います。

交際費のように、1件ごとの単価が必要なものは、金額を分けて書きます。まとめて書くものと分けて書くものは、事前に項目を決めて社内統一ルールとしておきます。

つまり一括処理のやり方をルール化し、継続的に社内で統一方式で処理する。このことが大事なのです。私は「精算日基準」とか「精算書到来基準」など、もっともらしく命名しています。

毎日やらなければと負担に思っていた経費精算が1カ月に一度でいい。それだけで精神的にものすごく楽になります。

パソコン会計にすれば経理の作業が楽になると言っているのは、実務を知らない人です。どうしても不可欠な手作業は確実に残ります。そこをどう合理化するかが、実は大事なんですね。

要は、最小限のコストで税務署の調査にも耐えられる帳簿システムを構築することです。もちろん消費税など、神経をつかうべきポイントがありますから、手を抜いてはいけない要件はいくつかあります。

78 会計事務所の価値

1カ月に一度しか精算しないというと、普通の会計事務所は「ルーズになる」「だらしがない」と「指導」します。領収書1枚ごと、入出金1件ごとに伝票を書かせ、現金出納帳に記入するよう言われます。場合によっては2週間前の領収書が出てくるとわざわざ日付ごとに領収書を並べ替えて、出納帳も書き直せと言われます。

でも会社がそのとき受け付けていない領収書の経理処理をあとから書き直すのは、架空帳簿を作る世界と同じことです。しかも数百円分の領収書のためにどれだけの手間とコストがかかることか。決して会社の利益につながっている作業とは思えません。

まとめて書いたことで、税務署に怒られたことはこれまで一度もありません。税理士が言うのだから間違いないです。消費した本人が使った通りに書いているのですから、まさにガラス張りの数字です。

実際に出金した起票者が記入者でもあるので、責任も経理担当者ではなく起票者にあるわけです。月次試算表の作成もグンとスピードアップし、トップが会社の状況を数字ですばやく把握できます。万一、内部に不正があっても把握するのが早くなりますから、問題が大きくなることを防げます。

79 経費垂れ流しの社員には、これで応戦

この伝票処理方式には、別のメリットもあります。

伝票集計とはいいながら、実は社員一人ひとりが自分の経費集計リストを作っているのと同じことです。これだけの経費を使って、どれだけの仕事をしているのかなと頭の中で照らし合わせてみるとどうでしょうか。「こんなに使っているんだぞ」と社員につきつけてやることも、できなくはありません。経費はすぐに売上や収益に反映されるわけではありません

が、傾向は把握できます。社員の方も、伝票を書いた時点で、今月はこれだけ金を使ったのかと嫌でも分かります。

伝票を案件別に上げてくれと頼めば、案件ごとの経費の集計もカンタンです。プロジェクト別の採算管理が、パソコンソフトで操作して出さなくても、目で見える形で分かります。だから経理担当者に伝票を書かせることはないというのが、私の持論です。

80 勘定科目なんか気にしないでもいい

業態別の売上伝票も開発しました。

飲食店用の伝票は、毎日現金を合わせる都合上、1日に1枚ずつ書きます。これを記入するのは店長です。集計は1週間単位でも、伝票を書くのは毎日です。

ごらんになって分かるように、勘定科目はどこにもありません。それでも経理伝票ができるようになっています。

その日の売上をチェックして、現金と合わせます。売上に原価率（見込み）をかけて収益を出し、総労働時間で割って1時間あたり生産性も計算します。1時間あたりの生産性が分かると、採算点も分かります。これとは別に天気、温度、湿度も書いておき、環境条件によ

▲FAX

003

会社コード 00－0000 会社名／店名 デモ領域

OCRらくらく会計日記帳

200　年　月　日　時　分から　時　分　No.

現金入出金	コード	金額	
(イ) 前日現金残高			*
本日の入金 売上	0101		1
売掛金入金	0105		2
			3
			4
(ロ) 現金売上入金合計			*
本日の現金支払 食材仕入	0116		5
飲料品仕入	0117		6
営業用品	0132		7
ツバ他消耗品	0250		8
チラシ配布代	0210		9
収入印紙代	0380		10
切手代・ハガキ代・宅配便	0181		11
車両経費	0170		12
求人広告費	0214		13
クレーム処理代	0480		14
玄関マットリース代	0310		15
			16
			17
			18
			19
未確定出金	0001		20
現金過不足	0481		21
(ハ) 現金支払合計			*
(ニ) 本日現金残高 (イ)+(ロ)-(ハ)=(ニ)			*

掛売上	回収予定日	コード	金額	
本日掛売上 ①	月　日			22
②	月　日			23
③	月　日			24
④	月　日			25
⑤	月　日			26
(ホ) 本日発生売掛金				*

掛仕入	商品	数	コード	金額	
本日の掛仕入 ①					27
②					28
③					29
④					30
⑤					31
⑥					32
⑦					33
⑧					34
(へ) 本日発生掛仕入					*

人件費			
明細	時間	金額	

記入チェックリスト

売上	□	
経費	□	
金種表	□	紙幣の数え間違いがないかどうか
合計の金額	□	計算ミスがないかどうか確認

(ト) 本現金残高		
金種	枚数	金額
10,000円		
5,000円		
2,000円		
1,000円		
500円		
100円		
50円		
10円		
5円		
1円		
その他		
合計		

文字は枠線にかからぬようご記入ください

＊コンピュータで残高のチェックを行いますので、会計欄及び残高欄は、必ず電卓で2回検算を行ってください

コメント 天気：(昼) はれ・くもり・雨 (夜) はれ・くもり・雨 温度： 湿度：

本日現金残高(　　)円－　　円＝翌日送金額(　　)円 (振込料　　円含む)

閉店後、記入のうえ会計本部048-837-1511へFAX下さい。

会計の不明点は、048-837-1510 (9時から17時まで)

一般用(仕訳日記帳)　　T30/OCRらくらく会計日記帳03.xls

●OCRらくらく会計日記帳

る売上の変動も追いかけます。

茶髪のおにいちゃんが店長でも、ここまでは書いてもらいます。絶対にできます。誰でも書けるように作ってありますから。この作業をやっていくと、店長が経営の数字を見られるようになります。業務マニュアルの効果もあるわけです。

全部書いたら、本部の経理部門や会計事務所に持っていきます。そして日付と自動仕分けコードと金額を入力して終わりです。

経理処理はテンキー以外は触らせません。文字キーや機能キーをいじらないことで、生産性が上がります。

同じように、業種に合わせて特化した伝票を作ることができます。

市販の振替伝票が一番よくできているとみんな思っています。でもそんなことありません。経理作業もこんな工夫しだいで、コストを20分の1にすることができます。

81 預金通帳はそのまま帳簿代わりになる

作業をどうやって中抜きするか。この本の最初にも述べたように、いちばんいいのは「やらないこと」です。でなければ「人にやらせる」。経理部門のコストを下げるなら担当者に書かせる。それも時間をかけない特別な方法で。単純化する。標準化する。スペシャリティ、シンプル、スタンダードでスピードを上げるという「四つのS」が、コスト管理経営の基本なのです。

もう一つの手抜き手法が、「預金通帳の帳簿化」です。

預金通帳を見ながら、もう一回伝票を起こしていませんか？　なら通帳をコピーして自動仕分けコードを脇に書けばいいのです。これでまたまた作業効率20倍です。預金通帳には、なにしろ金銭の出入りの情報がしっかり載っている。残高まで載っています。私に言わせれば、「なんで伝票に書き写すのか」です。

ただ通帳だけでは帳簿にならない部分もいくつかあります。

例えば借入金の返済は元本分と利息分に分離されていないことがあります。それは別途記入する欄を作っておきます。振込料金が相殺されて振り込まれてきたときや、給与のように、いろいろな科目がまとめてある複合振込もありますが、それも別に所定の欄を作っておいて、そこに明細を書き込みます。

組ｺｰﾄﾞ	○×銀行 東京支店	期間 11.3.1〜11.3.31	承認印	承認印	入力者	2/2 ﾍﾟｰｼﾞ
131	口座番号 1234567	(株)△山産業				

普通預金・お借入明細 8

年月日	摘要	お支払金額	お預り金額	差引残高	
11・3・23	繰越	048-0074524		****5,813,707	
11・3・25 000	証書貸付	*280,665		****5,533,042	287㊜
11・3・25 000	電話料	*300	ﾃﾚｺﾑｺｸｻｲ ㊟	****5,532,742	~~184~~182
11・3・25 000	振替	*141,207	NTTL(ｶｰﾄﾞ	****5,391,535	
11・3・26 000	振替	*2,310	BIGLOBE(ﾄｳｿｳ	****5,389,225	185㊜
11・3・29 000	電話料	*2,807	DDIﾎﾟｹｯﾄ	****5,386,418	189㊜
11・3・29 000	振替	*31,500	NS ﾆﾎﾝｼﾝﾊﾟﾝ	****5,354,918	311㊜
11・3・29 000	振替	*2,100	NS ﾆﾎﾝｼﾝﾊﾟﾝ	****5,352,818	311㊜
11・3・29 000	振替	*2,100	ｵﾘｺ	****5,350,718	187㊜
11・3・29 000	振替	*73,888	DF・ｺﾓﾝﾘﾖｳ	****5,276,830	394㊜
11・3・31 000	電話料 (製)6238	*4,903	ﾄﾞｺﾓ ｹｲﾀｲ	****5,271,927	190㊜
11・3・31 000	電話料 (〃)0171	*4,431	ﾄﾞｺﾓ ｹｲﾀｲ	****5,267,496	↓㊜
11・3・31 000	電話料 3026	*8,683	ﾄﾞｺﾓ ｹｲﾀｲ	****5,258,813	190㊜
11・3・31 000	電話料	*4,326	ﾄﾞｺﾓ PHS	****5,254,487	183㊜
11・3・31 000	電話料	*6,103	ﾄﾞｺﾓ PHS	****5,248,384	↓㊜
11・3・31 000	電話料	*4,620	ﾄﾞｺﾓ ﾎﾟｹﾍﾞﾙ	****5,243,764	188㊜
11・3・31 000	保険	*1,037,124	ｺｳｾｲﾎｹﾝ	****4,206,640	別紙
11・3・31 000	振替	*34,000	ｼﾞﾄﾞｳﾘｳｷﾝ	****4,172,640 ㊎	395㊜

らくらく伝票サンプル 例
許可なくコピーおよび偽造を禁ず
実用新案登録 第3031079号

○日付の後に(メ)と表示されている場合は前営業日扱いです。
○差引残高の金額頭部に－(マイナス)がある場合は、お借入残高を表します。
○小切手等の証券類によるご入金の場合は、そのお払戻しのできる予定の日をお支払金額欄に表示します。
○お支払可能時刻は小切手等の種類によって異なります。

日付	借方	貸方	金額	ｺｰﾄﾞ	摘要
3/25		131	141,207	181	NTTLカード
	672(製)通信費		22,849		
	727 〃		84,023		
	659(製)図書費		34,335		

自動仕訳ｺｰﾄﾞ《出金用》

184 日本国際通信	189 DDIﾎﾟｹｯﾄ	286 300万返済	394 税理士報酬	183 NTTﾊﾟｰｿﾅﾙ
185 NEC VAN(ﾄｳｿｳ)	190 NTT ｲﾄﾞｳ	287 1000万返済	395 労務士報酬	《入金用》
186 DFK(ﾆﾌﾃｨ)	191 東洋情報ｼｽﾃﾑ	311 NSｺﾋﾟｰﾘｰｽ	344 社保支払	105 売掛金回収(131)
187 オリエント	244 ガス代	351 日経産業新聞		499 利息収入
188 ﾄﾞｺﾓﾎﾟｹﾍﾞﾙ	250 大塚商会	383 固定資産税	182 電話代	

181 NTTLカード

●貯金通帳の帳簿化(例)

82 税務調査で指摘を受けたことは、一度もない

税務調査が入ると、担当官は預金通帳と伝票をにらめっこしています。私のところで預金通帳をそのまま伝票にしているのを見て、担当官がなんと言ったと思いますか？

「これ、楽ですね」

それはそうです。伝票と通帳を付け合わせチェックをしなくていいのですから。あとは元帳が連動しているかどうかを確認するだけです。

でもこれも、会計事務所は通帳を帳簿に書き写せといいます。

よく税理士が気にするのは「摘要」がないじゃないかという点です。相手の名前が入っていない帳簿では、課税資料として問題があるのではないか、と。しかしこの帳簿には脇に領収書が貼ってあるのです。一体の帳簿としてとらえれば問題ないと、私は考えます。相手について細かく知りたければ、領収書を見ればいいのです。事実、税務調査で今まで「摘要」について指摘されたことは、一度もありません。

摘要を書くのが、経理事務で最も時間がかかる。そこをカットしているのです。余分な手間と人件費をカットすべき立場にある経営者としては、こんな指摘をされたら疑問を投げ返すべきです。

それに通帳は、他人が作った、最も証拠能力が高い経理帳簿です。書き写せばミスも出ます。だったらそのまま使ってしまった方がいいに決まっています。
そういう部分を妥協せずに、徹底的に突き詰めていくべきです。

83 交通費精算はプリペイドカードを使え

通帳と同様に「他人が作ってくれた伝票」があります。鉄道で使うプリペイドカードです。東京近郊では、JRが「イオカード」、地下鉄も含む私鉄は「パスネット」という名称で、改札機にそのまま入れて出入りできます。

プリペイドカードは裏面に、利用した区間と日時、料金、残金が印字されます。これがそのまま交通費の伝票になります。

JR東日本では非接触型プリペイドカード「スイカ」によるサービスも提供しています。定期入れから取り出さずに、中に入れたまま改札機の一部に軽くあてれば通過でき、同時に自動的に料金が引き落とされます。

スイカの場合、カードの裏面に印字はされませんが、駅で料金をチャージするときに使用履歴とチャージ料金の領収書が発行されるので、社員がこの二つをセットにして提出するようにします。

仕事以外にカードが使われてしまうのではないかという心配もあると思いますが、それは伝票で現金を請求していても同じこと。伝票をチェックしておかしな用途がないかチェックするのと同じように、カードの裏を抜き打ちチェックすれば、不正使用は防止できます。

コスト管理術

ACT4

時間の有効活用と人件費は相乗効果で効いてくる

84 時間の有効活用は「掛け算」でメリットを増大する

コスト管理で何が最も重要かと問われれば、私はためらうことなく「時間を有効に使うこと」と答えます。

どんな企業でも、経営資源である人、モノ、カネが無尽蔵にあるわけではありません。特に中小企業では極めて限定されています。であれば、できるだけ効率よくその経営資源を回すしかない。お金を借りたり資本金を募ったりしておいて、そのままにしておく経営者はありません。同じことが人にも言えます。人という資源をどれだけ効果的に回転させるか。会社の設備を眠らせないか。時間を有効活用することは、すべての経営資源に対して掛け算効果で効いてきます。つまりスピードアップによって、コストダウン、コストカットはさらに「掛け算メリット」を生みます。

だからスピードアップはコスト管理そのものです。小回りがきく中小企業にとっては、この「スピード経営」こそが最大の強みになりうるのですが、そのことを自覚している経営者はあまりいないようです。

85 経営者は時間を浪費してはいけない

例えば東京から福岡へ出張するとします。新幹線で行くか、飛行機で行くか。旅費交通費だけなら、新幹線の方が安い。でも「時間」という隠れたコストがあります。飛行機を使うことで早く目的地に到着し、早く仕事が済んで早く帰って来られれば、その時間分の人件費が浮きます。

しかも福岡で一泊せずに飛行機で日帰りできれば、次の日は朝から別の仕事に取りかかることができます。経営者の場合、これは単に人件費だけの問題ではありません。経営者という経営資源そのものを有効に回転させるか否かは、ときとして決定的な差を生むからです。

前の章で「シンプル」「スタンダード」「スペシャリティ」「スピード」という「四つのS」の話をしました。この「四つのS」を人件費にあてはめてみましょう。

作業を単純化し、標準化できるものはパートなど人件費のかからない人に任せる。そして単純化できないスペシャリティの部分、つまり自社が特許を持っていたりほかにはできない技術がある部分に経営資源を集中し、次なる改良なりイノベーションのスピードを上げていく。スペシャリティを持った人にはその仕事に集中させる。その人に雑務をさせて時間をロスしたら、みすみす人件費を捨てているようなものです。

だから知的労働者＝ホワイトカラーの生産性向上が、いかに大切かということです。

86 作業時間短縮で、年間100万円利益が増える！かも

生産性向上とは、無駄にかかっている時間のカットです。

伝票処理にかける手間を省く方法を紹介しましたが、これも収益に直結するコスト管理技術です。

営業職の人は、その人のスペシャリティではない経費精算に時間を使います。私が何社かで、1週間にどれぐらい経費精算にかかっているか営業の人たちに聞いてみると、だいたいの人が「少なくても30分は使う」ということでした。1時間あたりの平均的な人件費を3000円とすると、毎月の経費精算分の人件費は下記のような計算になります。

つまり一人あたり毎月6000円以上の人件費が、経費精算に費

3000（円）×0.5（時間）×4.3（週）＝**6450**（円）

やされています。この時間を3分の1に短縮すると、月に一人あたり4000円以上の人件費がカットできます。年間では約5万円、20人の営業担当者がいれば100万円のコストカットです。この分はまるまる利益に転じます。

単純計算ではありますが、結構びっくりするような数字になります。もちろん営業マンは、その分の時間を本来の稼ぐための仕事に回せますから、コストカットしたのみならず、売上が今以上に伸びていくことが期待できます。

87 ストップウォッチで動作時間を測る

ダイエーとトヨタ自動車。片や経営不振にあえぐかつての「価格破壊の旗手」であり、一方は日本を代表するエクセレントカンパニーです。そのトヨタ自動車が、現場作業合理化のためダイエーに「カンバン方式」を伝授したという新聞記事を読んだことがあります。

トヨタの指導員は、ダイエーの店舗や施設を回っては、ストップウォッチですべての動作の時間を測り、無駄がないかを確認したそうです。棚から荷物を上げ下ろしするだけの単純作業でも、頻度の多い物品はかがんだり背伸びしなくてもいい位置に棚を並べ替えました。これで作業が2秒だけ早くできるようになったとすると、のべ1000人が作業を行えば2

000秒＝33分20秒の時間短縮に。その分コストダウンになることは、説明するまでもないと思います。

ところで事務作業の現場であるオフィスで、ストップウォッチを持って作業や動作の合理化を検討したという話は、聞いたことがありません。

私は初めて普通紙ファックス機を導入したときに「早く感熱紙タイプをやめるべきだった……」と反省しました。なかなか壊れてくれなかったために、開業以来、旧式のタイプをずっと使っていました。感熱紙は印字の色がしだいに薄くなるので、大切な書類は保存用にコピーをとります。見るときも丸まった紙を伸ばしたりしていました。それが受信するたびのことですから、大変な時間を無駄にしたことになります。

経営者は、常に「心にストップウォッチを持つ」ようにすべきだと思いますが、いかがでしょうか。

88 合理化には「例外」「聖域」を作ってはいけない

人件費が発生する原因は「仕事」です。仕事は「作業」の集まりであり、「作業」の構成要素が「動作」です。この「動作」を徹底的に分析し、工程数を削減すべきです。工程分析を数値化して行うために、ストップウォッチを持つのです。

社長の仕事は「たたむ」「削る」「変える」と表現した人がいます（「儲かるようにすべてを変える」井上和弘著　日本経営合理化協会出版局）。うまいことを言ったものだと思います。

ただ肝心なことは、実行することです。分析するところまではある程度誰でもできます。それを実のあるものとするところに、大きな困難と苦痛が伴うのです。

ある和食の老舗の二代目社長が、業務改善の相談に来られました。自分の目から見ると、経営の合理化を進めなければと思うところがいくつもあるが、なかなか思うようにいかないという話でした。

じっくり事情を聞いた後、私は「合理化のメスを入れるのに例外を作ってしまうところに、大きな問題があるのではないですか」と指摘しました。業務改善のキーワードは「公平・公正・フェア」だからです。もっとも三つとも同じ意味ですけれども。

この社長には、先代の現会長とともに店を切り盛りしてきた番頭さんたちがいわば補佐役としてついています。そのためか、業務改善の「例外」や「聖域」を作ってしまうことがあるようでした。会長の気持ちを思いやってのことなので、それはそれで結構ともいえます。

しかし不公平感が底流にある改善運動に、真剣に協力する者などいないのです。「新しいことに挑戦しなくても、これまでうまくやってきた。定年までは現状のままでなんとか……」という気持ちの人もいるでしょう。

業務改善や合理化には、必ず「出血」や「苦痛」が伴います。ある程度リスクの伴う外科手術のようなものです。その辛さに全員で立ち向うためには、全員が同じ辛さを共有しているという公平性が確保されていなければなりません。

89 「5%」が目標なら、やれそうな気がしてくる

「公平・公正・フェア」とともに、業務改善の成功に必要なのが「目標数値の明示」です。コストダウンすべき仕事、作業、動作をはっきりさせ、それぞれについて何パーセント下げるという目標を立ててメンバーに伝えます。「電気代を10%削減する」「電話代を5%減らす」「コピー枚数を10%減らす」というようにです。

この目標数値は、20%とか30%とか高い数字を掲げないことです。意気込みはいいのですが、目標と現実が大きく離れてしまうと「とても無理だ」「やるだけ無駄」という気持ちになり、いっこうに行動に結びつかなくなります。

ところが「5%削減」だと、それならできる、という気持ちになります。現実的で可能性

の高い達成目標になるのです。そして一度目標が達成できれば、「成功体験」として残ります。そうなってからさらに次の一段高い目標へと移っていきます。ダイエットでも、5％程度の体重減少目標を設定すると実績が上がるし、その程度であっても結構肥満による成人病の危険因子がなくなるそうです。

チームワークで行う仕事では、どんなことであっても、具体的で、分かりやすく、みんなが共有できる目標を掲げることが大切です。

90 「時間泥棒」をこうして撃退する

顧問先企業の社長から「相談したいことがある」「とにかく会ってほしい」と電話がかかってくることがあります。用件を聞くと「会ってから話すから」「込み入っているので電話では説明できない」と言われます。経験からすると、大抵こういうときは電話でも5分で済む内容だったり、ポイントがはっきりせず何が用件なのかよく分からないようなことが多いのです。

これは会ってもしょうがないと感じたら、特別なことがないかぎり、私は原則としてお断りしています。話の長い人、なかなか本題に入らない人、意味なく人を呼びつける人は「時間泥棒」としてマークしましょう。こんな人と会って、回りくどい話で時間を浪費しているとイライラして「俺の時間を返してくれ」と叫びたくなります。こういう人は自分の仕事をさぼる癖がついていたり、時間管理が下手だと思ってまず間違いありません。

それでも断りきれないときは、昼間の時間に来社のご足労をお願いします。夜会うとあいまいな気分のまま「コミュニケーション」がしばしば「飲みニケーション」に流れてしまいますから。もっとも最初から「飲もう！」と言われれば、それはそれで別な意味で元気が出るし、有意義な時間を過ごせるので全然かまわないのですが。

ともかく昼間のしかるべき時間に来てもらい、最初に「予定があるので40分間でお願いします」とクギを差しておきます。この「時間を区切る」ことは会議でも同じです。スタートするときに必ず議題（目的）と終了予定時間を明らかにします。そしてあとから内容を確認するために議事録をつけること。基本的なことですが、会議の効率アップには欠かせません。

少なくとも自分は「時間泥棒」呼ばわりされないようにしたいものです。

91 新宿、池袋、お茶の水なら、ここをオフィスにしてしまおう

打ち合わせには、先方に伺うことが目的だったり、こちらに来てもらうことが必要な場合

もあります。でもそうでなければ、両方から行きやすいターミナル駅で待ち合わせます。次の行き先への足の便もその方がいいはずです。主要な駅の周辺に、ミーティングのための行きつけの喫茶店やホテルのラウンジを見つけておきましょう。

私の場合は都心でお会いすることが多く、東京駅ではターミナルホテルのラウンジをよく利用します。恵比寿ではホテルエクセレント恵比寿のティールームを利用します。

新宿、池袋、お茶の水では「談話室滝沢」をミーティングルーム代わりにしています。ここはコーヒー1杯が1000円。ふらっと入った人はびっくりする値段かもしれませんが、200円の割引券をくれますから、次回からは実質800円です。そして1杯のドリンクで何時間いても文句を言われることはありません。ここで1時間ずつ3人に会って立て続けに打ち合わせをしたこともあります。見ていると同じようなことをしているお客さんが結構います。そして待ち時間に自分の仕事をします。もはや完全にオフィス代わりです。

ここにはコピーやファックスはもちろん、貸し出し用の文房具、主要な新聞や雑誌も揃っています。ノート型パソコンを使う人には電源も貸してくれます。私はここで打ち合わせの約束をすると、30分早めに来て雑誌を2冊見ます。そして気になった記事はコピーします。自分で雑誌を買うと処分に困るし、雑誌2冊分の値段を考えると800円も安いものです。

知り合いのライターは、締切に追われるとここで原稿を書いています。次から次へと連絡が入ったりして会社で仕事に集中できないときに、ここに逃げ込むのも手です。こんな隠れ家を身近に確保しておくと、何かと便利です。

地方の人は、東京への出張のときにここを一度利用するとそのよさが分かります。

◎談話室滝沢

新宿中央口店　電話03-3356-5661
新宿別館　電話03-3354-3061
池袋東口店　電話03-3985-0961
お茶の水店　電話03-3293-7661

92 ぜひ試してほしい「こだま」に乗るメリット

出張といえば、東京と名古屋や大阪の間の移動に新幹線を利用する方は多いと思います。このとき、「のぞみ」でも「ひかり」でもなく、「こだま」を一度使ってみることをお勧めします。

ご承知の通り、「のぞみ」なら3時間足らずの東京―大阪間が、「こだま」だと4時間あまりかかります。これを単なる時間のロスと思われるかもしれませんが、私はこの4時間を使って資料を読む、原稿を書く、企画を考えるという作業をします。つまり車内が誰にも邪魔されない移動オフィスと化するのです。時間としては「のぞみ」で3時間かけて移動して1時間喫茶店で仕事をするのと同じですが、それをまとめてしまって車内で一気に仕事を片づけるのです。

特に快適なのがグリーン車の禁煙席。多くの場合車内はがらがらです。一度スタッフと一緒に乗ったときは貸し切り状態でした。あっちでは会議が始まり、こっちではデスクワークに集中。いつもは落ち着かない状態の中でやっている打ち合わせも、集中してできました。大きな声では言えませんが、携帯電話もかけ放題です。だって誰も乗ってないんですから。オフィスの中にいるのと同じで、電話をかけても迷惑になりません。これは穴場だと思いました。

名古屋に会社を持つ社長さんが、いつも「のぞみ」を東京出張に使っていたので、「あえてこだまにして会議室兼書斎にしたらいいですよ」と教えてあげたら、後で「あれは盲点だね。本当によかった」と大変喜んでいました。

93 格安料金で乗れる「ぷらっとこだま」

この「こだま」を割安料金で利用できるのが、JR東海ツアーズの「ぷらっとこだまエコノミープラン」です（http://www.jrtours.co.jp/index/purattokodama.html ぷらっとこだまダイヤル 電話03-3213-3400）。

東京―名古屋間だと「エコノミープラン」で普通車の通常期運賃・料金の1万580円が7900円に、「グリーン車エコノミープラン」は1万4070円が1万8800円に。東京―新大阪間は普通車がちょうど1万円、グリーン車が1万4000円です。

これはパック旅行の扱いですが、当日でも空席があれば手続きをして乗ることができます。ただ予定変更や途中下車はできません。だから出張先で予定外の「今夜はちょっと一杯どうですか……」が入ると困ります。そのときの予定や相手しだいで、行きだけ、あるいは帰りだけ「ぷらっとこだま」にするのがいいかもしれません。

例えば金曜日の東京からの大阪出張なら、行きは1時間早めに出て大阪まで「ぷらっとこだま」、京都に出て一泊して、ちょっと名所旧跡巡りをしてリフレッシュ、京都から東京まで「ぷらっとこだま」というのはいかがでしょう。精神衛生を考えれば、たまには出張を余裕のある小旅行に変えてしまうのもいいものです。

94 通勤中の車内が1対1のミーティングルームになった

もう一つ、移動時間の有効活用の話です。

ある地方の大手会計事務所の所長先生が、すでに高齢で体の動きもいくぶんぎこちないので、交代で毎朝スタッフに自宅に迎えに来てもらうことにしました。地方都市なのでほとんど全員が自家用車で通勤しています。そのついでにクルマで立ち寄ってもらうわけです。

これ自体、通勤費がかからない交通手段であり、無料で運転手を抱えたようなものですが、それ以上のメリットがありました。運転中のクルマの中は、スタッフと所長と二人だけの空間になります。すると今まであまり話をする機会がなかった相手、一人ひとりとゆっくり話をするようになりました。定期的なスタッフとの個別面談が、中間管理職抜きで、慣習となったのです。今まで知ることのなかった内情なども、当然耳に入るようになりました。スタッフに対する評価も変わったことでしょう。

新幹線の「こだま」の活用にしても、この例にしても、常識的な発想を「ちょっとずらす」ことから始まっています。「上手にずらす経営」ということを、考えてみてもいいのかもしれません。

95 本を読みたくても読めない人のためのサービス

みなさんは毎月本を何冊読みますか。目の前の忙しさに流されるばかりでなく、新しい発想を取り込むためにも、あるいは気分転換の意味でも、読書の時間をとりたいと多くの人が思っていることでしょう。優れた本と巡りあうことは、会社の経営もその人の人生も変えてしまう可能性を持っています。

でも本を1冊読むには、それなりに時間がかかります。読み終わってみたらつまらない本で、貴重な時間を無駄にしたと気づいたときは本当にがっかりしてしまいます。本屋で手にとってパラパラと見ても値打ちがあるかないか分からないことが多いものです。そんながっかりしてしまう回数を少しでも減らすために、本の要約サービスを利用してみるのはどうでしょうか。

私は「トップポイント」(http://www.p-b.co.jp/main2.html) という本の要約情報誌を講読しています。毎月新刊書9冊、ロングセラー1冊の計10冊について4ページに内容をまとめてあり、ほかに12冊の新刊書の簡単な紹介があります。年間購読料は1万2000円+消費税。会員制で書店には置いてありません。

4ページに内容を要約されてしまったら、本が売れなくなるじゃないかと思うかもしれませんが、これを見ていい本だと思ったら買いに行きます。下手なものをつかまないために、こういうサービスがあるのだと思います。

96 読むのに2カ月もかかると中身を途中で忘れてしまう

無駄な本を読まなくてすむことだけが、「トップポイント」のいいところではありません。読書の時間をまとめてとることは、至難の業です。どうしても電車の中で30分、寝る前に1時間と細切れになります。すると翻訳ものの分厚い本など、始めの頃に読んだところを忘れてしまいます。2カ月かけて読んだことは読んだけど、さて何のことが書いてあったのかよく分からない、ということになります。

でも最初に4ページにまとめたものに目を通しておくと、全体がどうなっているか分かります。一本一本の木を見る前に森としての姿が見えるわけです。すると本を読んでいても「今このへんにいるな」ということが理解できます。場合によっては、4ページの要約の方が全体の内容を正しく伝えてくれるかもしれません。

それから読んだ本の内容を人に伝えるのは、意外と難しいものですが、幸いこの4ページに要約したものがあります。いい本だから社員にも伝えたいというときに、コピーしてポイントにマーカーで色をつけて配ってもいいのです。本1冊渡して回し読みしても、読まない人もいるし、伝えたいことがなかなか伝わらないでしょう。人に伝えるには、4ページの要約の方がかえって効果があります。

いろいろな意味で、本の水先案内人として使えるのが「本の要約サービス」です。

97 エクセルで業務連絡が超効率的になる

グループワークでは、連絡が不十分だったり、1カ所に集まれないことからくる時間のロスが生じます。これを極力少なくするためのツールとして、SFA（セールス・フォース・オートメーション）というものがあります。仕事の進捗状況をウェブ上の会議室のような場所にみんなが書き込んで、互いに参照できるようになっています。これでプロジェクトの進捗状況を管理したり、誰がいつどこで何をしたかを把握でき、よくある「言った」「言わない」というトラブルも回避されます。

このツールを導入できればいいのですが、それなりにお金がかかります。そこまでしなくても、「エクセル」のような表計算ソフトを使った「簡易SFA」でかなり時間活用効率を上げることができます。

エクセルでフォーマットを作り、特定のクライアントやプロジェクトについて、自分が行った業務の内容を記入してグループのほかのメンバーたちにメールで送ります。その件について別の誰かが何かをしたら、最初のファイルに追記してまたほかのメンバーたちに送ります。この時点で前に来たメールは破棄します。このようにして新しい業務が加わるごとに、最新の情報が最後に加わったファイルが、各メンバーの手元にあるというシステムです。エクセルならほとんどのパソコンで使えるため、外部のパートナーとのグループワークにも活用できます。

98 顧客の個別カルテを作成する

最初のフォーマット作りと、ルール決めが大切です。例えば、「クライアントシート」を作成してみるのもよいでしょう。

クライアント名と住所、電話番号、担当者名などの概要が最初にあります。その下に日付、業務（「申し送り」「電話」「訪問」などアクションの種類）、担当（業務をした人の名前）、摘要（具体的な内容）を書いていきます。

これはお医者さんで言えばカルテにあたるものです。今までの治療経過ならぬ業務経過が、順を追って確認できます。会議のときは、このシートを見ながらメンバー同士で確認作業をします。所長や上司など監督責任者は進捗状況を把握していくことができます。

これでクロージングまでの進捗管理、ミスの回避、クライアントへの営業など働きかけの取りこぼしがかなり防げます。在宅勤務の人との連絡にも便利です。高い特別なツールがなければできない……などと思い込まないこと。要するに、日付、担当者、作業内容が互いに分かればいいのです。

99 「空き時間」を活用すればコストがかからない

フェデックスというアメリカの有名な国際宅配便会社があります。この会社は、アメリカ国内の配送は前日集荷分を翌日10時半までに届けるというサービスを実現しました。この会社はアメリカ中東部のメンフィス空港にアメリカ中から荷物を集めます。そしてここから専用機で全米に、また世界に向けて送り出します。

空港全体を航空機が行き来しない夜11時から2時半まで安く借り切ることで、まずコストをセーブします。集配作業は、地元の大学と契約を結んで学生の労働力を安定的に供給してもらいます。ハードな仕事と楽な仕事を段階的に区分けしてあり、学生は自分の都合で——

スケジュールが空いているか、お金の必要ぐあいなど――翌週の仕事をどれにするか決めることができます。

この事例から、二つの知恵を学ぶことができます。一つは「タイムシェア」を活用してコストを抑えていること。稼働していない時間の空港は巨大な配送倉庫であり、しかもピンポイントの物流拠点としても極めて便利です。ところが空港にとってはもともと夜中は空き時間であり、安い値段でも使ってもらった方がいい。だから安いコストで済み、貸し手、借り手の双方にメリットが生まれます。

100 人件費は、削るばかりが能じゃない

もう一つは、学生アルバイトの活用による人件費のコストダウンです。質のよいことが期待できる学生の労働力を、うまく導入しています。学生にとっても、自分が条件を選べるアルバイトが常に用意されているのはありがたいでしょう。やはりコストを抑えながらも、労使双方にメリットが生まれています。

人、モノ、カネといった経営資源のうち、最もコストをかけているのは人件費です。ということはそれだけコスト管理による抑制が見込める領域なのです。人件費を減らすというと、

リストラ、賞与カット、成果主義などによる実質給与ダウンなど、ただ削ることに考えが走りがちです。ここで言うコスト管理は、あくまでも「人的生産性の向上」とセットにして考えたものです。

パートやアルバイトの人にはルーティンワークをしてもらうのが普通です。それはそれでいいのですが、もっと直接収益につながる仕事をしてもらうパートやアルバイトがいてもいいと思いませんか。

コスト単価が高いホワイトカラーの仕事にも、パートやアルバイトを活用するという流れが出てきました。そのうちに、正社員となることがハッピーだという意見で互いに一致すれば、改めて新しく雇用契約を結んでもいいのです。経営資源の一つである「人」に対する考え方が、これから大きく変わろうとしています。

101 一人あたり1時間に3000円以上も払っている

今のやり方で人件費にいかに高いコストをかけているか、モデルケースを想定して検証してみましょう。

ある社員の月給が28万円とします。賞与を年4カ月分として、年間の給与は448万円です。このほか退職金積立額、福利厚生費、各種保険等、通勤交通費を加えていくと606万円。この人が週40時間労働で年間50週働くと年間労働時間は2000時間、1時間あたりのコストは3030円となります（**図1**）。

ちなみに、この人が伝票処理に毎週30分使うとすると、4週間で計2時間、6060円のコストがかかります。50人の社員が同じ作業をすれば、毎月30万円以上のコストが直接収益を生まない作業に費やされているわけです。

一方で社員は、会社からもらっているのは月28万円という発想しかありません。月就労時間が180時間とすると、時給は1555円という計算に。

図1

給与 28万円（月給）×16（賞与を含めた支払い月数）	**448万円**
退職金積立額（1カ月分）	**28万円**
福利厚生費（給与額の11%）	**49万円**
雇用保険、健康保険、厚生年金、労災保険（同14%）	**63万円**
通勤交通費 1.5万円（月額）×12	**18万円**
合計	**606**万円

年間労働時間　40時間（週当たり労働時間）×50（週）＝2000時間

1時間当たりの労働コスト　606万円÷2000＝3030円

しかも28万円からは税金や社会保険料などが天引きされて渡されています。社員が認識している給料は、会社が負担しているコストの半分程度でしかないわけです。このギャップに大きな問題が潜んでいます。

102 1時間3万1000円稼いでもらわないと困る

次に、社員一人がいくら稼がなければならないかを計算してみます。

会社の収益のうち賃金が占める比率、つまり労働分配率を50%とすると、社員は人件費としてかけているコストの倍は稼がなければなりません。さっきの1時間あたりコスト3030円の場合は、6060円です。しかも全員が収益を上げる業務についているわけではありません。総務や経理の人は外からお金を稼いでくるわけではありません。だから営業担当者はその人の分まで稼がないといけません。細かい計算は省きますが、この例ではざっと1時間あたり9300円以上稼がなければならないのです。

9300円の利益を上げるにはいくら売らなければいけないか。粗利益率が30%として、1時間あたり3万1000円になります（図2）。

社員全員に、もう一度、自分がいくらの粗利を稼がなければならないかを計算してもらいましょう。営業担当者に限らず、社員全員がそれだけの付加価値を生んでいなければ会社は成立しません。そのために何をすべきか、一人ひとりに突き詰めて考えてもらわなければなりません。逆に言えば、経営者はそれだけ仕事をさせなければならないのです。

103 採用に関するものの見方を変える

日本は世界で最高レベルの賃金水準にあります。一度上がった給与水準はもう下がらないと考えられてきましたが、それも神話になりつつあります。ボーナスはこれまで固定費の一部と考えられてきましたが、もはや変動費といってもいいでしょう。そのボーナスも、

図2

●社員一人が稼がなければならない額（労働分配率を50%とする）

1時間あたり　**3030円÷0.5＝6060円**

●営業担当者一人が稼がなければならない額
（全社員に対する直接収益業務の従事率＝営業担当者の比率を65%とする）

1時間あたり　**6060円÷0.65＝9323円**

●9300円の利益をあげるために必要な売上額（粗利益率30%とする）

9300円÷0.3＝3万1000円

支給しない企業が少なくありません。ベースとなる賃金についても、ワークシェアリングが真剣に検討されているご時世です。

人件費という固定費を変動費に変える一つの方法が、さきほど挙げたパートやアルバイトの活用であり、正社員という本雇用と契約社員の併用です。つまりは雇用形態の多様化です。小売業、流通業、飲食産業などの現業部門では、すでに多くの企業でパートやアルバイトが戦力として活躍しています。それに対して間接部門は、できるだけ経費を抑えたいセクションですが、まだまだ十分活用できているとはいえません。

これは、パートやアルバイトに対する雇用者側のイメージが低いのも影響しているかと思います。「正社員の仕事は無理、なぜならレベルが低いから」「単純作業で責任のない仕事ならいいけど……」「正社員の補佐役として雑用を任せるならいい」そう思っている人も、まだ少なくないのではないでしょうか。

104 パート、アルバイトでも職場の中核になれる

パートは戦力としてあてにできないという考えは間違いです。この厳しい時代、パートやアルバイトだからと手抜きする人は少数派です。会社に貢献しようと真剣に働いてくれる人

もたくさんいます。中途半端に安定してしまって覇気をなくしている正社員より、ずっとあてにできます。それに仕事をするというのは、それ自体がやりがいを常に求める行為でもあります。一例として、マクドナルドにはアルバイトの管理職である「スイングマネージャー」がいます。店長にもアルバイトの人がいます。

私のオフィスでは、パートさんが新入社員を教育指導しています。「このお客さんの月次報酬はいくら、現状の生産性はこれだけ。だからこの作業は何分以内に完了してください」といったぐあいです。忘年会では「早く一人前になってよ」なんてはっぱをかけています。この社風はなかなかのものだと、密かに自負しているのですが。

高いコストを支払っている人件費は、もはや聖域ではありません。ただし生産性を落としては意味がありません。

雇用条件にかかわりなく、会社に貢献してくれる人を採用すべきです。そのときにパート、アルバイトという選択肢を排除した経営は、将来的に危険をはらんでいると言わざるを得ません。

105 世の中にはタダでも働きたい人たちもいる

仕事をしてもらう側、働く側のそれぞれのメリットを満たすことによって、これまでの人件費の相場に縛られないで済むようになります。次のいくつかのケースは、私のところの事例も交えた、こんなやり方もあるという見本です。

◎ケース1

最初は契約社員として、時給800円フルタイムのパート扱いで来てもらう。ある程度の「お見合い期間」を経て、互いにいいと思ったら正社員の契約に移る。

このような形で、今28歳の男性に働いてもらっています。税理士の資格を持っていますが、まだ実際に税理士として働いた経験はありません。ですから実務の経験を積むとともに、就職先を探す一つの手段として、彼は現状の立場を選択しました。就職してもいいなと思った時点で会社に相談し、会社も合意すれば正社員になるという前提です。逆に会社の方から「正社員として就職してほしい」と先に声をかける可能性もあります。

◎ケース2

公認会計士の勉強をしている人に、机を一つ空けて「いつでも来ていい」と「勉強部屋」を与える。その代わりこちらが仕事をしてほしいときに頼む。やってもらった分だけアルバイト代を払う。

このケースでは、相手の人には都心に勉強部屋が確保でき、将来の仕事に直結する職場を知ることができるというメリットがあります。ただ「今日は試験前の追い込みだから、仕事を頼まれてもできない」ということもあるでしょう。会社の方から「ちょっと忙しくなるから、今週はずっと来てくれないか」と頼むかもしれません。それはお互いに納得しておき、後から問題が起きないようにします。

仕事をしてもらう側にとっては、やってもらっただけ払う「仕事の置き薬方式」ですから、これはかなり便利です。でも「タダでもいいから、実際に仕事をやってみて、できれば就職につなげたい」という学生は結構います。こういう人たちはまじめで、きっちりした仕事をしてくれて、能力も高いものです。

◎ケース3

マスコミ志望の学生に、編集者やライターの仕事を手伝ってもらう。最初はコピー取りや発送、出版社などへのお使い、資料整理といった仕事で、日当2000円といったお小遣い程度の額からスタートする。

マスコミの仕事につきたい、あるいはフリーランサーになりたいと思っている人も、これまたたくさんいます。そういう人たちを対象にした、就職のための「丁稚奉公」の現代版です。マスコミ学校に通うよりは、この方がよほど早く仕事を理解することができます。自分に適性があるかないかも、よく分かるでしょう。

要は、就職先を探したい、実際に働いてみたいという要求を満たしてあげることです。双方が了解した上での、ある意味でバーター取引で、一般的な人件費とはちょっと違った意味を持ちます。

106 インターンシップの相談窓口ならここ

そんな人材を中小企業が自分でさがすのはなかなか大変ですが、一定期間学生がお試し入社するインターンシップを支援し、企業と学生の間を取り持ってくれるサービスを提供する会社があります。

ジョイブ株式会社（http://www.joyb.co.jp/）では、インターンシップに興味を持つ学生を常時登録し、企業の問い合わせに応じて紹介します。一次面接をジョイブで行い、ニーズに合った学生を選んで、会社との二次面接の後にインターンを開始します。「ルーティンワークになれた社員より、将来を真剣に考える人材がどれだけ働き、付加価値をもたらすか」というのがキャッチフレーズです。

費用は初期手数料5万円で、インターン中は1日2800円＋日給です。正社員として採用する時には30万円から80万円が必要ですが、求人広告宣伝費や面接にかかる人件費を考えれば、かなり安く抑えられます。最初のうちの人件費は、インターンシップでは3万円から可能です。通常の採用では給料が月18万円ぐらいですから、これもかなり安くなります。しかも即戦力になる可能性が高い人材がやって来ます。通常の人材派遣業よりも、期待できるのではないでしょうか。

107 経験豊富なシルバー世代は、本当によく働いてくれる

それから、実際に採用してみて分かったことですが、50歳代、60歳代の人たちが実によく働いてくれます。

大企業に在籍していた61歳の人に「参事」の肩書で来てもらいました。もちろんハードな交渉の場に出てもらうことはありません。儀礼的な会合や、どうしても行くことができない冠婚葬祭の席、役所などの巡回訪問、研修会の代理出席など、多忙な経営者の「影武者」として大活躍してもらっています。

特にセミナーなどは「貴重な俺の時間と金を返せ！」と言いたくなるものが多いのですが、代わりに出席してテープに録音してもらっておけば、後で必要なところだけを拾って聞くことができます。

シルバー世代の方は、周囲の人たちに安心感を与えてくれます。しかも最近まで現役で働

いていた人たちですから、仕事に対する責任感は若手社員などよりはるかに強い。今までの経験や専門知識も生かせます。

扱いとしてはパートです。セミナーで直行直帰の仕事は現地での就労時間だけ請求してきます。これもまた、お金のために働いているのではないからです。家にいてボーッとしていてもしかたがない。

仕事をしていればボケることもないし、長年自分のアイデンティティであった「名刺」を持つことができる。そこに働く意味があります。ですから本人のライフスタイルと体力に合わせて、マイペースで仕事をしてもらっています。

もう一人お世話になっているのは70歳の人で、こちらは完全な在宅勤務です。ワープロの達人で、パソコンやインターネットの設定などに詳しいその娘さんにもときどき手伝ってもらっています。私が移動中や喫茶店で書きなぐった原稿やアイデアを清書したり、テープ起こしなどをしてもらったりしています。

文書をファックスで送ると数時間後には添付メールで返ってくるので、それをもとに短時間でフィニッシュ原稿に持っていくこともできます。

なお高齢者の雇用については、いくつかの助成金の対象になる場合があることも記憶しておくといいでしょう。

108 社員のアパートは会社で借り上げてしまおう

実質的な給料の額は維持したままで、人件費を抑えることもできます。

社員がアパートを借りている場合に、会社が代わりに借り上げます。そしてアパート使用料を給料から会社にバックします。例えば10万円のアパートを借りていたら、それを法人契約にしてしまって、社員からは5万円だけ戻してもらってもいいのです。するとその分名目上の給料を下げることができます。

給料の名目で支払うと、その額に応じて社会保険料や所得税、住民税がかかります。名目上の給料を下げた分、それがかからなくなります。家賃でなくクルマなどでも、法人が買って与えてもいいでしょう。これをフリンジベネフィットと言います。

よくあるのは、社長が入っている保険を法人契約にすることです。社長が亡くなると死亡保険金は会社のものになりますが、別に死亡退職金規程を作っておいて、そのまま社長個人に会社から支払われるしくみにします。社長は保険料の分だけ給料を抑えることができます。それに伴って社会保険や税金も下がるというわけです。

これも雇用に伴う経費をカットする一つの手段です。

109 「個人」と「法人」をうまく使い分ける

ダブルジョブの人なら、どちらか一つの仕事を法人化して個人所得と使い分けることができます。経営コンサルタントを法人として仕事をし、同時に会計事務所の個人の経営者でもあるというケースなどです。

法人の場合は一度法人で収益にしてから給料の形で支払うため、ちょうど給与所得控除分が得をします。そのため税金の上で有利ですが、逆に経費として落としにくいものもあります。例えば交際費は金額の上限の規定があるため、個人の申告のほうが落としやすいのです。つまり個人の所得を申告する確定申告は、交際費の上限規定がないので利用しやすいといえます。

例えばスーツも個人事業者は年に何着までと決めて個人の経費で落とすこともできます。つまり法人のメリットと個人のメリットの両方を活用するわけです。ダブルジョブの条件に該当する人は、一度検討してみてください。

コスト管理術

ACT 5

「意識」がコストをカットする

110 なぜマニュアル経営ではだめなのか？

「ザ・リッツ・カールトン・ホテル・カンパニー」では、小人数のグループで毎週「クレド」を読み上げています。クレドとはその企業の「信条」であり、経営理念の次に位置する行動規範にあたります。

なぜクレドを決めて読み合うのか。マニュアルですべてを埋めることはできないからです。お客様に対してあたりまえの対応をする。そのあたりまえのことをきちんとやる企業風土を確立するためには、信条が必要なのです。

マニュアル経営で「ポテトはいかがですか?」と尋ねることは覚えても、場合に応じた対応はできません。一人ひとりが行動の基準となる価値基準を内側に持っていなければなりません。そこで「企業文化」の内容が問われてきます。クレドは、その企業文化を常時確認するためにあります。

私のオフィスでもクレドを作っています。私の考えを20項目にしたもので、会議のたびに三つぐらいずつ読んでいます。

もしクレドを自分のものとして受け入れられないときは、上司と相談しなさいと言います。いいことを言っていてもこんなのは嘘だ、ということもあり得ます。実際にできもしないことを言っているとか、現実から遊離している、という場合です。その言い分がなるほどと思えるなら、そのクレドは変えます。

クレドには、仕事を成功させるための「クセ」や「ツキ」が盛り込まれています。コスト管理経営のクレドは、例えば常に原価をイメージするということです。今やっている仕事の1時間あたりの生産性はいくらなのかを常に考える。そういうことをさせる風土にするのが、クレド経営です。その結果、コピーした紙の裏側を再利用するのがあたりまえになるという行動に現れてきます。

111 人はほめられれば、それまでの倍働く

前の章で人件費のコスト管理の話をしました。でも削るだけが能ではありません。同じ人件費であっても、クレドのような意識づけ一つで、今までの2倍働いてもらうことも可能です。自分たちの行動の意味を再確認することにより、「やる気」を出してもらうのです。

やる気を出させるものとしては、これまでは給与、地位といった待遇や、将来の可能性というのが常識でした。しかし人間にとってのモチベーションは、モノやカネだけではありません。認められること、ほめられることによって、行動ががらっと変化することが多々あり

ます。「名誉」「評価」という要素を、過小評価するわけにはいきません。

外資系企業に人気があるのは、待遇面や実力主義という要素もありますが、実は「名誉」を重視し「評価」をきちんと行うところにもあるように思います。アメリカの会社を見学すると、必ずといっていいほどモチベーションを上げるしかけがいくつも見つかります。例えば「今月は○○さんが最優秀賞です」というトロフィーや盾、表彰状が顔写真入りで掲げてある。それも社員やお客様から最も目につくところにです。

これによって社員全員のモチベーションが上がります。自分に対する評価が形になって現れ、広く人の目に触れるからです。これは目先の利益を追うための数値評価ではありません。日本の会社によくある売上実績の棒グラフとは違います。

112 モチベーションを与えるにはビジュアル効果が一番

モチベーションづくりの先進国、アメリカの例をもう少し見ていきます。

◎給与計算代行で全米最大手のＡＤＰ社では、サンフランシスコの社屋玄関脇スペースに「今年の最優秀者の駐車場」と書いたプラカードを立てています。出入りに便利で最も目立つ場所がその人の駐車場になっています。これでその社員は1年間、プライドを持って駐車場を利用するわけです。
◎ビジネスコンビニチェーン全米最大手、MBE社のサンディエゴにある本社では、会社の出入り口の誰もが見られるところに、年間優秀者のトロフィーと表彰の盾を飾っています。
◎アナハイムにあるイーストコーストホテルは、カウンター脇に毎月優秀成績者の名前を公表し、写真を飾っています。時には箒を持ったヒスパニック系労働者の写真も飾られます。庭掃除を担当する人も含めて、平等に表彰の対象です。
◎サンディエゴのヒルトンホテルでは、カウンターの上に会社のポリシーと理念を、宿泊客が待つ列ごとに掲げています。待っている間に、会社のポリシーと理念を必ず読むしかけになっているのです。
◎会計パッケージソフト最大手、インテュイット社のサンディエゴにあるタックスセンターには「スモールビジネスに革命を起こす」という会社の社会的使命が、山に登る人の写真とともに掲げてあります。来訪者には会社の社会的使命について書かれたパンフレットが配られます。
◎FOXレンタカーの店舗では、スカイダイバーが輪になって飛んでいる写真の下に「チームワーク」とひと言書いたポスターが貼られています。モチベーションを上げるには、個人をほめる方法と、チームをクローズアップする方法とがあります。この例はチームワークの重視をイメージで意識づけています。

総じて、会社や自分の仕事の大義を分かりやすく示すこと、そのためのチームワークの大切さを強調することを意識していることが分かります。

アメリカは多民族国家ですから、いわゆるマイノリティの人々を活用することも重要です。そのこともあってでしょうが、理屈で攻めたり文字で訴えるよりも、画や写真を使ってビジュアルに訴えるよう気を配っているのです。

113 「どうしてやる気にならないのか」と思うのは使う側の努力不足

日本では、経営者や管理職の人が若い社員のことを「何を考えているのか、まったく分からない」「まるで宇宙人」と言ったりします。しかし、そこには努力しないでも通じるはずという思いがあるのではないでしょうか。会社の目標や、社会的な役割をイメージさせる努力をしているかどうかが問われます。「以心伝心」という甘えを言い訳にしているのではありませんか。

どうせ同じ時間を使って同じ仕事をするなら、何かの役に立つと思う方がいいに決まっています。社会のためとは言わないまでも、少なくとも人は周りの人の役に立ちたいものだし、上司や顧客からは感謝の言葉を聞きたいはずです。

「やってみせて、やらせてみせて、ほめてあげねば人は動かじ」とは、かの旧帝国海軍・山本五十六元帥の言です。人が思う通りに動かないのは、昨日や今日に始まったことではないようです。

「どうしてやる気にならないのか」と思いがちですが、もしかすると、「どうやってやる気になってもらうか」という努力が不足しているのかもしれません。

114 理念を大事にし、遵守することを求める社会

再び多民族国家のアメリカの話です。アメリカの企業を視察して気づくのは、「基本理念」「会社の目指す方向性」が明確にされていることです。最近、理念をみんなで大事にしていこうという傾向が特に徹底されてきているように感じます。

社内ルールも徹底しています。何をしていいのか、何をしてはだめかがはっきりしているのです。別にそこここにルールが書き出してあるわけではないのですが、そこからはみ出すとすぐに「こうしてください」と言われます。

社会全般もそういうしくみになっているようです。カリフォルニア州では、不特定多数の人がいる屋内では、タバコを吸えません。ホテルのロビーやレストランももちろん禁煙で、吸いたいときは外に出なければなりません。もちろん屋内で吸ったりしたら、すぐに「外に出て吸ってください」とホテルや店の人が飛んできますし、周囲の人からも注意されるでしょう。共通の理念やルールを明確にし、目的を共有する人にはそれを厳しく求めるのが、多民族の国で共存していく秘訣のようです。

ハンディキャップがある人への対応も、はっきりしています。

駐車場には、エレベーターや通路の近くに青い線で囲んだエリアが必ずあり、障害者が使うためのものであることが明記してあります。周囲のスペースを広くとり、車椅子での乗り降りがしやすくしてあります。客室もエレベーターのすぐ脇の部屋が障害者向けで、車椅子が通りやすいようにドアが大きくなっていました。

115 ノベルティーは後々まで使ってもらえる優れモノを用意する

ほかにもアメリカを回っていて日本との違いを感じた点がありました。

街のお店に入ると、ちゃんとした店なら必ずお客様にひと声かけます。ディズニーランドでも、ファクトリーアウトレットの店でも、店員はお客様の顔を見て声をかけ、スマイルを送ってきます。どこでもこれは徹底しています。店を出るときも「ハブ・ア・ナイス・デイ」と気持ちよく送り出します。あいさつの徹底で、入るときと出るときにお客様の気持ちをつかんでいるのです。

それにアメリカの企業は、ノベルティーの使い方が上手です。

インテュイット社では、安物ではないしっかりしたつくりの自社の名入りのジャンパーをおみやげにくださいました。ビジネスコンビニエンスで日本にも進出しているメールボックスエトセトラ社では、二十周年記念のバッジをもらいましたが、これも安物ではなく印象に残るいいものでした。

ノベルティーをしっかりしたものにしておくことは、決して無駄にはならないと実感しました。いいものを渡すことで、渡された人は帰ってからも何度も見たり使ったりすることになり、会社に対していいイメージを持つことになります。いいノベルティーを用意していることは、案外社員のモチベーションアップにもつながります。

116 みんなで渡ればこわくないかもしれないが、目立たない

意識が人を変えるという話をしてきました。「意識」というほとんど投資がいらない要素に注目することで、意外な効果が得られるのです。

今度は意識を「ずらす」というやり方です。代表的な例はオフピークの活用です。

関西在住の友人の税理士は、土曜日を営業日にして月曜日を休みにしています。土曜日は電話が少ないので考えごとが進む。平日に時間が取れない人ともミーティングができる。それに日曜日はホテルが空いていて、安くてよいところを利用して一泊旅行がしやすいということでした。これは休みを1日ずらした例です。

以前、大手スーパーが1万円スーツを大量に売り出したことがありました。当時としては破格の安さでしたが、工場のオフピークに大量発注して、縫製コストを抑えたのだそうです。

前に「のぞみ」を使って出張せずに「ぷらっとこだま」を利用してはどうかと言いましたが、あれも「急がねば」という意識を「ゆっくりでもいい」と方向にずらしたことで、それ以上のメリットが生まれました。

「ずらす」といえば、私は年賀状はやめて年末のお礼状にしています。偉い人ほど年賀状は山のように来ますから、積み上げたままになります。私も「年賀状送ったけど、読んでく

れた？」と聞かれて、記憶がなく、申し訳ないと思いながら、あいまいな返事をしてしまったことがあります。

年末のお礼状なら、目に触れる確率は年賀状よりはるかに高くなります。あいさつや礼状は、相手に印象を持たせてこそ、初めて価値が出るものです。

117 贈り物をするために、北海道に出張する

お中元やお歳暮も同じです。みんなが一斉に贈るのですから、積み上げられたまま、話題にものぼりません。有名百貨店から送ると、ますます同じ包装紙の中に埋もれてしまいます。

重要人物にものを贈るのなら、理由をつけて計画的に時期をずらします。出張のついでに、その土地のおいしいものや名物を現地から送ったりすると効果的です。どうしても印象づけたい相手なら、そのためにわざわざ出張してもいいぐらいです。

年2回の時候のご挨拶に5000円ずつかけるなら、年1回、1万円の荒巻鮭を北海道からクール宅急便で贈る方が、直接電話がかかってくる可能性は高くなります。確実に食卓に乗るし、話題になる。本人のみならず奥さんの印象に残りやすいのもポイントです。

生ものなど鮮度が落ちやすいものは、贈り物にするのを避けるのが普通です。ところが日

持ちする缶詰なんか、間違いなく台所のストッカーに積まれてしまいます。鮭一匹とかカニまるごとだと早く食べなければいけない。ちょっと迷惑と思われる危険もあるけれど、それでもそうしょっちゅう食べるものではありませんから、やはりうれしいものです。少なくとも、間違いなく印象に残る。費用対効果はむしろ高いと言えます。

118 接待のポイントは「感動」、そして連帯感の共有だ

このように、どうせお金を使うなら費用対効果を考えます。ここでの効果とは「感動」がどれだけあるかと言い換えてもいいでしょう。

接待にしても、どれだけ「感動」を与えるかが肝心なところです。これこそ安く上ればいいというものではありません。また常識的な接待が喜ばれるわけでもありません。

かつての「接待は銀座」という考えは、もう古い。私だって銀座に連れていかれても、全然うれしくない。同じ3万円かけるなら、ここへ連れていけば絶対この人は喜ぶという「接待のキラーコンテンツ」が、コストパフォーマンスははるかに高いのです。この接待のキラーコンテンツをどれだけ持っているかが勝負です。

かつて旧大蔵省の人たちが連れて行かれて問題になった「ノーパンしゃぶしゃぶ」ってあ

りましたね。これは事の是非はともかく、相当なキラーコンテンツでした。なぜかというと、一緒に「悪さ」をするからです。どんな偉い人とでも、「お互いにバカですねえ」と言い合って帰って来られる。一種の連帯感を共有できるのです。

料亭に連れて行って喜ぶ人がいれば、そこに行くのもいいと思います。東京の向島で一人10万円以内です。考えてみれば、粋なお姐さんが三味や太鼓でもてなしてくれて、4時間遊べるのですから、そう高くはない。普通の居酒屋でもどうせ一次会から始まって二次会、三次会……と流れていけば、結構な額になります。料亭はほかの人と顔を合わせないようにトイレが部屋ごとについていたり、出口が隠れたところにあったりと、秘密の会合には向いた造りになっています。そんなしかけを楽しむのも一興でしょう。

コストパフォーマンスを考えるのがプロの経営者です。見かけの値段にとらわれてはいけない。接待はまさに「量より質」です。

ところでキラーコンテンツとは何かですが、こればかりは教えられません。ヒントは「みんなで悪さできるもの」。探せばきっとありますよ。でもどうしても知りたい方は、著者が毎月東京で開催する「仕事マッチングステーション」という異業種交流会にご出席ください。そこでこっそりお教えします。異業種交流会の日程はEメールにてお問い合わせください。

（issey@kss-g.com）

119 仕事を物々交換すれば、お金はかからない

「バータービジネス」というサービスについて聞いたことがあるでしょうか。まだ耳慣れない言葉ですが、バーター取引の間を取り持つビジネスです。お金でモノやサービスを買わないで、自分の仕事で支払うのがバーター取引です。

例えばある広告代理店で、掲載までの締切が間近なのに、雑誌の広告に空きスペースができてしまいました。このままではどうせスペースが無駄になります。そこで自転車屋さんの雑誌広告を載せてあげることにしました。一方自転車屋さんは型落ちの自転車を20台、広告代理店に譲りました。広告代理店はこれをプレゼント企画の景品に利用しました。

お互いにお金は一銭も使っていませんが、片方は広告を出すことができ、もう一方は自転車が手に入りました。ついでに不良在庫も処分できました。このような物々交換がバーター取引です。

ただ普通はバーター取引をしたくても、相手がなかなか見つかりません。

株式会社サイクロン（http://www.cyclone-jp.net/）は、そこの間をとりもってくれる会社です。会員制で、費用は初期登録の10万円と月会費３０００円。取引が成立したときには成立額の５％を支払います。

常にバーター取引のみで成立するとは限らないので、その差額分はサイクロンの中で使える「トレード円」という通貨で決済します。

バイク便をたくさん使う印刷会社なら、伝票を印刷してその分安くしてもらう。ウェブサイトを構築してもらう代わりに、その会社の経営診断をただでする。バーター取引にはいろいろな活用方法があると思います。

120 福利厚生をまるごとアウトソーシングする

社内に余分な機能を抱え込まないで、外部の専門家に任せてしまおうという「アウトソーシング」も、今では珍しくなくなりました。これも総務、人事、経理等々、すべての必要な機能は社内で備えているのがあたりまえという意識を、ちょっとずらしてみたものと考えられます。

私のところでは、中小企業向けに福利厚生の面倒をまるごとみてくれるアウトソーシング会社、ラビス（http://www.labis.jp/top.html）の会員になっています。年間会費は一人あたり3600円で、健康診断、弔慰金給付、法律相談など各種の福利厚生サービスが利用できます。通常は7000円から1万5000円ぐらいかかる健康診断が最高3900円で受診できるので、これだけでも元が取れます。

ほかに成人祝いや永年勤続祝い金、健康やメンタルヘルス無料相談、事務用品の割引購入、名刺が100枚980円で作れるなどのさまざまなサービスなどが利用できます。レジャー、スポーツ、フィットネス設備、ホテル宿泊も割引料金に。家族を連れてちょっといい旅館に宿泊したいときも安上がりで使えます。

基本的には法人加入ですが、個人での加入も可能です。

これだけ安くできる秘密は、バックに製薬会社がついているからです。いわゆる治験のボランティアをお願いするために、ラビスで会員を募っています。もちろんボランティアですから、応じる義務は生じません。

121 恐るべき「見えない債務」――退職金にはこう対処する

このような福利厚生サービスは、退職金規程の改正とワンセットで使うと非常に有効です。法律に基づいて設けられている国の退職金制度である「中小企業退職金共済制度」、いわゆる「中退金」に加入していれば大丈夫ですが、昔からの退職金規程をそのまま残している中小企業は、大変なリスクに直面する危険があります。

もし「これこれの年数勤続していたら、退職時に2000万円払います」という規程だとすると、定年までにそれだけの金額を用意しておかなければなりません。でも普通は「とても払えません」というのが正直なところです。そんな対象になる人が二人、三人と一度に退職したら、この規程のある会社の経営者は「嘘つき」状態になってしまいます。

退職金は「見えない債務」です。この状態のまま放っておいたら「債務不履行」は目に見えています。だから退職金規程を改正せざるを得ません。でもある程度の年齢の社員は、退職金をあてにしているかもしれません。そこで代償として、福利厚生と年金制度を充実するのです。

具体的には、前述のラビスに入会し、さらに確定拠出金型年金401kに加入します。「実際のところ、10年先にこれだけ払うのは無理。これだけ待遇を充実したから、納得してくれ」というわけです。

このような労使交渉も、経営者がするのではなくアウトソーシングを利用するのが無難です。労働条件や労働規約の変更は、労使の直接交渉だとどうしても対立し、社内の雰囲気が悪化します。社会保険労務士や会計事務所などに、コンサルティング業務の一環として間に入ってもらいましょう。嫌われ役は外部の人の方でいいのです。

122 焦げつき寸前の債権回収もあきらめることはない

アウトソーシングサービスの種類も増えてきました。その中でも特に効果が大きいのが代金回収サービス、つまり債権回収です。

もともと債権回収業務というのは弁護士の特権でした。しかし30万円、50万円といった小口の債権回収を弁護士に頼んだら、費用の方が高くつきます。それを見越して少額を踏み倒す悪い奴がいるのです。

民間のサービサー会社に頼むと、「最低5000万円からですが」などと言われてしまいます。30万円以下の金銭の支払いを請求する少額訴訟制度もありますが、勝訴しても差し押さえができません。

あと頼めるところといえば、暴力団や事件屋と呼ばれる人たちしかなくなってしまいますが、これはいろんな意味で問題が多いやり方です。

こういうときには、債権回収組合に頼みます。別名サービサー組合とも呼ばれます。よく個人に対する強引な取り立てが新聞などに報道されますが、こういう組合は問題になることはしません。ただ最初から踏み倒そうと狙っているような悪質な相手だと、嫌な思いをしないと払わないのも事実です。そこを回収するのはある種のノウハウということになります。

回収した債権のうち、半分ぐらい費用として払わなければならないかもしれません。それでもまったく回収できないよりはましです。なによりも、踏み倒されて泣き寝入りすると、また誰かが同じような被害に遭います。その意味からも、できるものならきちんと回収しておきたいものです。

（サービサー組合の詳細については、著者までEメールでお問い合わせください）

123 融資は数多くあるメニューの中から選べ

事業資金は金融機関に借りるというのが常識です。ただ融資についてもメニューの品揃えが増えてきました。メインとして付き合っている銀行だけでなく、さまざまな金融機関の情報を集めておいて、借りる方法を多様化させるのは重要なことです。バランスシートでいえば、資産の部は圧縮、負債の部は多様化が基本です。

このとき、金利だけにとらわれないようにします。多少金利は高くても貸出条件がある程度融通がきいて、いざというときに使えるものがあるとがありがたいですね。こういうケースならここ、というように、複数のメニューを知っているだけでも対応の幅が広がります。

三井住友銀行の「ビジネスセレクトローン」は、担保至上主義ではなく会社の業績を審査して融資するローンです。最大5000万円まで借りられます（直近決算期の平均月額の2カ月分まで）。担保は原則不要、保証人は代表取締役のみです。

ほかの銀行でも個人向けローンのビジネス版といえる商品を提供しています。「クイックローン」などいろんな名称の商品が登場しています。

銀行で融資が受けられなくても、ノンバンクで枠がもらえる場合があります。金利も消費者金融ほどは高くはありません。

ノンバンクのオリックスは、現実的で使いやすい商品をいろいろと出しています。「ビジネス・パートナーズ・ローン」では先に手数料と、それとは別に元本の一定割合の保証代金を取りますが、保証代金は後から分割で返ってきます。SPC（特別目的会社）を作ってそこが運用し、オリックス本体は債務を負わないというしくみです。不動産などの担保がなくても借りられることもあって、これで多くの会社が救われています。

なお多くの会社が手形決済をしていると思いますが、連鎖倒産防止の意味で倒産防止共済には加入した方がいいでしょう。商工会議所も、マル経融資（商工会議所の推薦で融資される、無担保・無保証人の国民生活金融公庫の融資制度）が受けられるようになるので、入っておくと便利です。

124 保険選びは、複数の会社の商品を持つ代理店に相談する

保険に関しても、いろいろな商品があります。もちろんだからといってあれもこれも入ることはありません。たくさんの選択肢の中から、これはという商品に絞り込みます。でも自分にどんな商品が合っているのかを研究する時間までは、普通はありません。特定の保険会社の代理店だとそこの商品しか勧めません。複数の保険会社の商品を扱っている代理店がありますから、そういうところと付き合って、中立な立場で選定してもらいましょう。

バブル時にやたらに保険に入ってしまった人は、ぜひリストラするべきです。必要な保険の額の目安は、短期借入金および運転資金半年分、社員の給与1年分、自分自身の死亡退職金の合計額です。最近はノンスモーカー割引などがあり、それだけでも保険料を安くすることができます。今のうちに見直してみてはいかがでしょう。

ところでちょっとウルトラC的な方法ですが、海外で保険に入るのも一つの手です。香港でドル建てで加入すると、同じ国際的な保険会社で比較して保険料は日本で加入する場合の半額です。

ただし為替リスクが存在するし、保険料の損金算入を考えると税金に関しては不利になります。また海外に行かないと入れないし、万一のときに手続きが大変かもしれません。こう

したマイナス面もあるので、信用できる人や会社を介して加入することが、現実的には一つの条件になります。

125 海外にはこんな高利回り商品まである

海外の金融商品といえば、こんなものもあります。

ある人が余命2年と宣告されたとします。死亡時に1億円の保険金が出る契約をしていたのを、生きてるうちに使いたいからと7000万円で売却します。するとこれを買った人は、2年後には3000万円の収益が出ることが予想されます。この保険をもとにファンドを運営し、年率10%とか20%の金融商品を販売するのです。これはリバースモーゲージという手法で、アメリカでは個人の家屋をもとにファンドを運営する例が数多くあります。人の死まで金融商品にしてしまうのがすごいところですが、日本にはこんな高額商品はありません。

ほかにも海外では金利10%台の商品がいくらでもあります。ただ手を出すとしても、よく勉強した上でスタートし、あくまでも個人資産の範囲に止めておきます。デメリットもいくつかある点は保険の場合と同じです。ご参考までに、という情報とお考えください。

126 ビジネスパーソンなら一度は見ておきたい、中国の見本市「広州交易会」

「中小企業の生き延びる道は、高付加価値経営だ」とよく言います。自分たちだけしかできない技術を持ち、それを元にこちらの言い値で取引する。確かにそういう「隠れた優良企業」も世の中にはあります。中小企業といえども、実際はそんなにバタバタ潰れているわけではない。

しかし、誰もが独自の技術やノウハウを持っていたり、飛び抜けたアイデアを出せるわけではないのも事実です。そこそこの機能で値段のこなれたコモディティ商品が、世の中で最も流通する商品です。そこはやっぱり中国を代表とする新興工業国が強いのです。

ならば中国で作って日本で売ることを考えてもいいのです。本当に日本の10分の１以下の値段で作れます。人件費が10分の１から25分の１であることを生かし、そこそこの設備投資と人海戦術で大量生産するのですから、まともには太刀打ちできません。

ともかく一度は、その実際の姿を見てみるべきです。お勧めしたいのが、中国は広州で開催され、世界中の１８０カ国・地域から13万人以上（日本からは７０００人以上）のバイヤーが訪れる中国最大の総合輸出商品商談会、いわゆる「広州交易会」です。

広州は中国南部、南シナ海に面する広東省の州都です。ここに中国商品のすべてが集まります。出展する中国企業の数は８６００社、ブース数７０００、商品数十数万種。毎年春と秋の2回開催されます。私は２００2年の4月に行ってきましたが、上昇志向の中国人のエネルギー、パワーに圧倒される思いでした。

製造拠点を出すかどうかは別にしても、中国製品によっていかに仕入れコストが削減できるかが実感できます。例えば１００円ショップなどで見かけるミニせいろなどはコンテナ単位で約22セント。１００円ショップが儲かるのもあたりまえです。商品の仕入れが、少なくとも現地価格でみればほとんどタダみたいなものですから。

約15万平方メートルある巨大な会場は、何日かけても回りきれないほどです。そこには、「こんなものもあるの?」という面白いもの、初めて見るものもたくさんあります。新商品企画を検討中の人も、中国貿易に興味を持ち始めた初心者も、いやビジネスパーソンなら一度はぜひ訪れてほしい催しです。

興味をお持ちの方は、日本国際貿易促進協会のホームページ（http://www.japit.or.jp/event/2_1.html）をご覧ください。

127 資本金1円で株式会社が作れるようになった

ここまで主に中小企業の経営者を想定して各種コスト管理の手法や裏技を紹介してきました。これらの多くは、今からこれから会社を興す人にもあてはまるものです。しかし会社を興すのにもお金がかかります。まずは有限会社なら300万円、株式会社は1000万円の資本金を集めないとスタートできません。

ところが「1円」でも株式会社を創業できる特例が2003年2月からスタートしました。新事業創出促進法の「最低資本金規制特例」がそれで、株式会社でも資本金1000万円未満で設立できるので、設立当初は資本金1円でもかまわなくなったのです。

ただし、今すでに経営者になっている人は対象外。特例が使えるのは「事業を営んでいない個人であって、2カ月以内に新たに会社を設立して、その会社を通じて事業を開始する具体的な計画を有する者」です。つまり事業計画を持っている人なら、サラリーマンでも主婦、学生、失業者、年金生活者でもいいのです。会社の代表権のない役員でも大丈夫です。

もちろんいつまでもうまい話はないので、設立から5年間以内に株式会社なら1000万円まで資本金を増資しなければなりません。それができなければ、合名会社などに組織変更するか、会社を解散することになります。

５年経てば今までと同じ条件になるのですが、創業時のコスト面のハードルは極めて低くなりました。これはという事業計画をお持ちの方にとっては大きなチャンスです。意欲ある人にどんどん事業を興してほしい……という政策ですから、ぜひ生かしてほしいと思います。

128 ＲＯＩ20％という驚異の数字を掲げる会社があった

この本の最初の方で、ＲＯＩ（リターン・オブ・インベストメント）のことを書きました。覚えていますか？　投資がいくらの利益を生むかという指標ですね。

コスト管理のすべてに、このＲＯＩがついて回ります。

イタリアンレストランの「サイゼリア」というチェーン会社があります。ここは徹底したＲＯＩ経営で、社長は私の師匠のような存在です。全国に数百店舗を持ち、現在も数を増やしていますが、粗利益でＲＯＩ20％以上が見込めない出店はしないというのがポリシーです。だから土地建物は中古取得が多い。フードビジネスの潰れた店をリフォームして開業するので、初期投資をぐっと圧縮できるのです。

ＲＯＩ20％というのは大変な数字ですが、それぐらいのつもりでやらないと収益が確保できない時代だともいえます。20％を目標にしても、もしかすると10％になるかもしれないし、

5%にしかならないかもしれない。でも最初から5%を目標にしてそれに満足する経営なら、やらない方がいいぐらいだと私は思います。十数%の金利のついた海外の金融商品で資金を転がした方が儲かるのですから。

129 余分な資産は今すぐ処分して、身軽で楽な「持たざる経営」を目指せ

サイゼリアの例は、「持たざる経営」の見本のようなものです。

かつては、まだ不動産の売却益を見越して、借金してでも店舗やオフィス、工場を手に入れるという経営が可能だったかもしれません。帳簿上の価格が上がっていくことを見越していましたから、こうやって資産を増やし、事業を拡大すればするほどよかったのです。しかしバブル崩壊とともに、これも昔話となりました。

「持たざる経営」では、常に収益率を頭に置きます。だからコストカットに努めなければならなくなります。大企業の再建でも、コスト削減のために不要資産を処分し、商品・サービスを絞り込みます。企業規模の大小にかかわらず、やるべきことの基本は同じなのです。

ROI20%という一つの目安を示しましたが、もちろんこれは大変厳しい数字です。10

00万円売ったら200万円の経常利益がないといけないのですから。特に小売業ではきついでしょう。ただ好調な100円ショップはそのあたり、あるいはそれ以上いっているんじゃないかと私は推測しています。生き延びられないのなら、業態変更も考えなくてはいけない。この仕事、あと3年はどうかなと思ったときから、次の商売を考える。これがプロの経営者です。

劣化する資産は今すぐ処分し、負債は圧縮する。不要なものは脱ぎ捨てて身軽になれば、「こんなに楽だったのか」と気づくのではないでしょうか。

賢いコスト管理で、今すぐ「持たざる経営」に切り換えてください。

【著者紹介】
井上　一生（いのうえ・いっせい）

税理士・行政書士。

1958年生まれ。法政大学卒業後、米国系会計事務所、税理士事務所勤務を経て、井上一生税理士事務所を設立。現在、(株) 経営サポートステーション（通称「ＫＳＳ」）代表取締役、税理士・社会保険労務士・行政書士の合同型ワンストップ問題解決事務所であるしんわ経営会計事務所代表。

マネジメント・コーチとして、経理・総務系の業務効率化やコストダウンに関するコンサルティングで中小企業業務を支援する活動を展開。既存の税理士のイメージを打ち破る「企業の街医者」として注目されている。

主な著書に、「パソコン流経営改造ブック」（日経ＢＰ社)、「パソコンでかんたん青色申告」（日経ＢＰ社)、「もう悩まない資金繰りがわかる本」（ありあけ出版)、「最新　会計ＡＳＰ」（ＮＰ通信社）などがある。

E-mail　issey@kss-g.com

本書は、税理士新聞2000年10月25日号から2002年9月5日号に連載した「実践スマート経費カット術」を大幅に加筆・修正し、再構成したものです。

編集　青丹社

なるほど即効！小さな会社の
やる気が出るコスト管理

2003年7月23日　初版第1刷発行

著　者　井上　一生
発行者　仙道　弘生

発行所　株式会社 水曜社
〒160-0022　東京都新宿区新宿1-14-12
TEL03-3351-8768　FAX03-5362-7279

印　刷　日経印刷株式会社

Printed in Japan
落丁・乱丁はお取替いたします

ISBN4-88065-103-6